새틀(SETL)을 이용한

JAVA 시각화 객체지향 입문

유홍준 지음

(주)소프트웨어품질기술원

CONTENTS

CONTENTS

CONTENTS

머리말

~~~~~~

　새로운 개념을 공부할 때의 문제점은 언제나 어렵게 설명된 것을 진리로 알고, 어려운 것이어야만 뭔가 획기적인 개념이 숨어있을 것이라는 생각으로, 어려운 것만 쫓아다니다가 결국은 진리를 터득하지 못하고 주저앉는 데에 있습니다.

　필자는 객체지향 개념을 익히면서 겪었던 시행착오를 두 번 다시 다른 분들에게 경험시키지 않기 위해 이 책을 썼습니다.

　따라서, 이 책은 아주 쉽게 익힐 수 있는 객체지향 책을 지향하고 있습니다.

　본문에서는 객체지향에 관한 여러 개념들 중 특히 Java언어와 관련지어 많은 그림과 군살 없는 깔끔한 예제, 코드와 관련 있는 분석 및 설계 모델의 시각화를 통해 아주 쉽고 자상하게 설명하고 있습니다.

　우리는 얼핏 객체지향 언어라고 하면, 지원 개념이 다 똑같다고 생각하기 쉽습니다. 하지만, 객체지향 언어라고 하더라도 지원 개념이 다 똑같지는 않습니다.

　예를 들어, 객체지향 언어인 C++을 지원하는 객체지향 개념과 Java를 지원하는 객체지향 개념과는 어느 정도 차이가 있습니다. 우리는 이러한 차이점들을 확실하게 알아둘 필요가 있습니다. 특히 인터넷을 주 기반으로 하는 Java언어는 방법론의 관점에서도 종래보다 상당히 원칙에 충실한 객체지향 개념을 기반으로 하기 때문에 잘 익혀두어야 합니다.

　본 서의 내용만 정확히 이해하신다면 독자님은 Java와 관련 있는 객체지향 영역에 대해 새롭게 눈을 뜨실 수 있을 것입니다. 또한, 이 책의 자매편인 "새틀(SETL)을 이용한 C++/C# 시각화 객체지향 개념/유홍준 지음/㈜소프트웨어품질기술원"과 비교해가면서 읽으신다면, 객체지향 개념을 보다 입체적인 관점에서 폭넓게 터득하실 수 있을 것입니다.

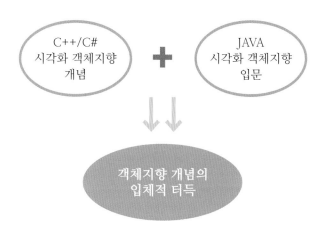

머리말

~~~~~~~~~~~~~~~~~~~~~~~~~~~~~~~~~~

   C++ 관련 개념과 Java 관련 개념의 공통점과 차이점만 확실하게 이해한다면, 앞으로 어떠한 객체지향 개념에 대해서도 혼동하지 않을 자신감이 생기실 것입니다.

   책을 낼 때마다 항상 느끼는 일이지만, 이 책을 완성하면서도 독자님께 꼭 필요한 책이 되어야 할텐데 하는 마음뿐입니다.

   본 서의 내용에 대해서 의견을 가지고 계신 분은 필자에게 언제라도 연락주시면 고맙겠습니다.

   아무쪼록, 사랑하는 마음으로 쓴 이 책이 조금이나마 독자님의 가슴에 와 닿는 좋은 책이 될 수 있기를 두 손 모아 기도하겠습니다.

                                            2015. 05. 20.

                                            저자 유 홍준 드림
                                            ㈜소프트웨어품질기술원

시작하기 전에

Java 관련 시각화 객체지향 개념(Visualized Object-Orient Concept)의 효율적인 체득을 위해, 필자는 독자분들을 크게 두 유형으로 분류하여 우선 몇 말씀 드리고자 합니다.

• 객체지향 개념을 처음 대하시는 분은,
본문에서 객체지향의 개념에 관련한 설명을 중심으로 읽어나가시다가, 예제 프로그램 중에서 어렵게 느끼시는 부분은 건너뛰면서, 객체지향 개념의 맥을 잡는 차원에서 공부해나가시길 바랍니다.
객체지향 개념은 기초 터잡기가 아주 중요하므로, 기초 개념 익히기에 우선 중점을 두어 읽어나가셔도 아무런 문제가 없습니다. 나중에 차근차근 프로그램 능력의 향상과 더불어, Java 프로그램 예제를 다시 한번 참고하신다면 많은 도움을 받으실 것입니다.

• Java 프로그래밍을 본격적으로 배우려는 분은,
저자는 객체지향 개념을 시각화 방법(Visualized Method)을 통해 쉽게 터득하는데 특히 적합하도록 이 책을 저술하였습니다. 따라서 새틀(SETL)과 새빛(SEVIT)이라는 도구를 사용한 분석 및 설계 모델과 병행하여 Java 객체지향 개념을 Java 프로그래밍과 연계하여 익히시는 것이 바람직합니다.

01

객체지향 첫걸음

1.1 소프트웨어 위기 무엇이 문제인가?

– 일주일 동안 밤샌 프로그래머 –
"이젠 파리도 부동소수점으로 보이는군…"

소프트웨어 위기(software crisis)

사용자가 원하는 소프트웨어(software)의 요구 수준(requirement level)은 매년 빠른 속도로 증가하는데, 소프트웨어 기술자의 기술 수준(technology level)은 느림보 걸음을 하여, 사용자의 요구를 들어줌에 있어서 날이 갈수록 더욱 고통을 받는 상황

소형 아파트(Windows XP)에서 만족하며 잘 살던 아내(SW 사용자)가 어느 날 큰 평수의 친구 아파트(Windows 8.1이후 버전)에 놀러 갔다 온 후로는 생활수준(software level)에 대한 눈이 높아져서 불평불만을 많이 제기하는 경우가 있습니다.

이런 소프트웨어적인 생활수준 위기(software crisis) 상황하에서, 아내(SW 사용자)를 기쁘게 해주기 위해, 남편(프로그래머)은 밤새워 일을 하는 시간이 증가하고, 결국은 몸에 무리가 생겨 정상적인 가정생활에 문제가 발생합니다.

소프트웨어 위기(software crisis)는 시대에 따라서 다른 형태로 나타납니다.

1970년대까지만 해도 컴퓨터의 가격은 지금의 기준으로 볼 때 상상을 초월할 정도로 비쌌기 때문에, 한 회사에서 여러 대의 컴퓨터를 구입하는 것이 어려웠습니다.

따라서, 호스트컴퓨터(host computer)를 한 대 구입한 다음에 여러 대의 단말기(terminal)를 종속적으로 연결해 사용하는 중앙집중 방식을 채택하였습니다.

(그림1.1.1) 중앙집중 방식 시스템

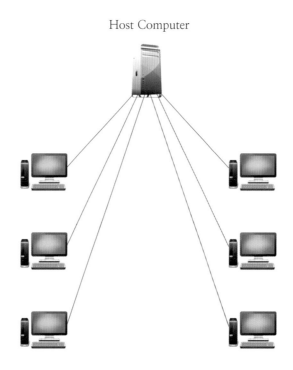

Host Computer

이러한 중앙집중 방식의 시스템은 성질상 규모가 엄청나게 클 수 밖에 없기 때문에, 시스템을 가동시키는 소프트웨어의 규모(software size)도 크게 되었습니다.

하지만, 그때까지의 소프트웨어 기술(software technology)로는 규모가 큰 소프트웨어를 개발하고 유지보수하기가 어려웠습니다. 그래서 제1차 소프트웨어 위기(the 1st software crisis)가 발생합니다.

제1차 소프트웨어 위기를 해결하기 위해 탄생한 것이 구조적 분석, 구조적 설계, 구조화 프로그래밍 등 절차적 방법의 구조적 기법(structured techniques)입니다.

1980년대에 들어서면서 컴퓨터의 소형화(downsizing), 저가격화, 고성능화가 급속히 진행하면서, 컴퓨터의 일반 보급대수가 기하급수적으로 증가합니다.

(그림1.1.2) 소형화(downsizing)

그러자, 양적으로 증가한 컴퓨터를 위해 많은 양의 다양한 소프트웨어(software)의 필요성이 발생하였습니다.

그러한 필요성은 정보처리 기술자(IT engineer)를 중심으로 하는 실력 있는 소프트웨어기술자(software engineer)의 부족을 초래하여, 개발적체(backlog)를 심화(深化)시켰습니다.

이로 인해, 제2차 소프트웨어 위기가 발생합니다.

(그림1.1.3) 1980년대까지의 소프트웨어 위기의 시대별 변화

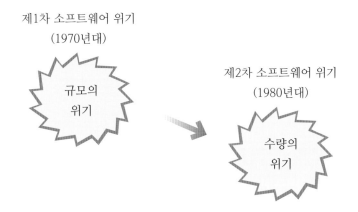

이를 해결하기 위해 강구해낸 것이 무엇일까요?

바로 인력의 육성과 도구의 개선입니다.

인력 육성의 측면에서는, 소프트웨어기술자의 수요 충족을 위해 대학, 전산원, 학원 등을 비롯한 소프트웨어기술자 양성기관이 기하급수적으로 늘어났습니다. 도구 개선 측면에서는, 빠른 시간에 소프트웨어의 개발을 도와주는 CASE(Computer Aided Software Engineering), 4GL(4th Generation Language) 등의 새로운 도구들이 출현하였습니다. 또한, 위기 해소책의 하나로 패키지 소프트웨어(package software)와 표준화(standardization)의 시도 등도 등장합니다.

1990년대에 들어, 컴퓨터 고성능화의 눈부실 정도의 성장과 전세계적인 통신망 구축을 통한 급속한 개방화로 인해 시스템간의 연동성(interoperability), 이식성(portability) 등의 필요성이 증대하였습니다.

(그림1.1.4) Internet

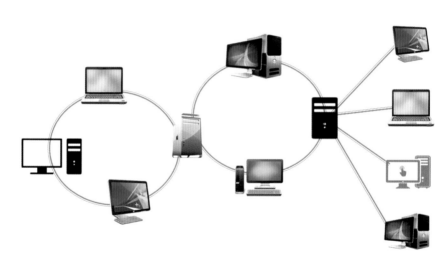

특히, 윈도우즈(windows)의 등장과 함께 운영체제에서 시각적인 조작환경(visual manipulation environment)의 실현을 바탕으로, 일반 사용자에의 컴퓨터(computer) 보급은 1가정 1대 수준을 뛰어넘을 정도에 이르고, 이제 정보기술은 더 이상 전산전공자들의 영역이 아니라, 일반인의 필수적인 사회 적응기술로 정착합니다.

그러다 보니, 어떤 일이 일어났을까요?

당연한 결과로서, 소프트웨어기술자(software engineer)의 양적 확대로 인한 자질저하를 초래하고, 복잡한 기술(complex technology)의 소화에 어려움이 발생하고, 소프트웨어에 대한 신뢰성(reliability) 저하가 심각한 문제로 나타났습니다. 바로 품질(品質, quality)의 문제입니다.

이로 인해, 제3차 소프트웨어 위기가 발생합니다.

그런데, 2000년대부터는 소프트웨어 위기와 관련하여 특별한 이야기가 없습니다. 왜 그럴까요?

그것은 품질의 위기가 특별히 해소되지 못한 채 지금까지 시일이 흘렀기 때문입니다. 1990년대 이후의 시대별 소프트웨어 위기(software crisis)는 품질의 위기지만 세부적으로는 다음과 같이 구분할 수 있습니다.

(그림1.1.5) 2010년대까지의 소프트웨어 위기의 시대별 변화

〈표1.1.1〉 소프트웨어 위기의 시대별 변화 종합

위기의 형태			내 용
1970년대	규모의 위기	당면 문제	대규모 소프트웨어 개발
		해결 기법	구조적 기법
1980년대	수량의 위기	당면 문제	개발적체(backlog) 해소와 EUC(End User Computing) 실현
		해결 기법	① 인력 양성 ② CASE, 4GL 등 도구의 개선
1990년대	품질의 위기 (방법론)	당면 문제	소프트웨어 개발 방법 체계화
		해결 기법	① 객체지향 방법론 ② Agile Process
2000년대	품질의 위기 (프로세스)	당면 문제	소프트웨어 개발 공정 품질 수준 검증
		해결 기법	① 프로세스 성숙도 관리(CMM, CMMI) ② 정보시스템 감리의 법제화
2010년대	품질의 위기 (비가시성)	당면 문제	개발 및 유지보수의 가시성 확보
		해결 기법	① 병렬 개발(Parallel Development) ② Visualized Software Engineering

1.2 신기료 장수 증후군의 정체

　2010년대 초반까지, 규모→수량→품질로 이어지는 소프트웨어 위기(software crisis)의 해결을 위해 많은 시도가 있어 왔지만, 만족할 만한 성과를 얻지는 못했습니다.
　「신기료 장수 증후군」이라는 용어가 소프트웨어 분야에서 언급된 지 오래되었지만 아직도 사라지지 않고 있습니다.

> 신기료 장수(shoe repairer)
>
> 　- 구두 수선공
> 　- 구두를 수선하는 일을 업(業)으로 삼고 있는 사람

> 신기료 장수 증후군(shoe repairer's syndrome)
>
> 　- 남의 구두는 어느 것이나 새 구두로 고쳐주겠다는 사람이, 정작 자기는 아주 낡
> 　　은 구두를 신고 있는 현상

" 손님, 다 고쳤습니다! 제 솜씨 좋죠? "

1.3 1990년대까지의 SW 위기의 해결 방법

본 서가 객체지향 개념을 설명하는 책인 점을 감안하여, 우선 제3차 소프트웨어 위기의 해결책으로 등장한 객체지향 방법을 이전의 절차지향 방법과 비교해서 먼저 설명해보겠습니다.

(그림1.3.1) 개발 단계별 공수(工數) 비율

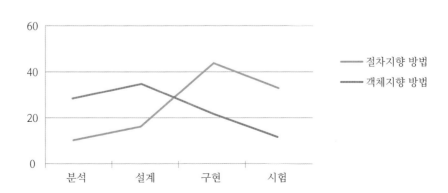

시스템 개발의 각 단계에 대한 공수(工數) 비율의 측면에서 볼 때, 절차지향 방법의 경우에는 분석(10%), 설계(15%), 구현(43%), 시험(32%)의 비율로 구현과 시험의 공수 비율이 상당히 높습니다.

하지만, 객체지향 방법의 경우에는 분석(28%), 설계(36%), 구현(22%), 시험(14%)의 비율로 분석과 설계의 공수(工數) 비율이 상당히 높습니다.

아래의 꺾은선 그래프로 나타낸 바와 같이, 둘 사이의 관계는 명확한 차이가 있다는 것을 알 수 있습니다.

(그림1.3.2) 개발 단계별 공수(工數) 비율 추이

소프트웨어 위기를 해결하기 위한 당면 과제는 아래의 그림과 같습니다.

(그림1.3.3) 소프트웨어 위기 해결을 위한 당면 과제

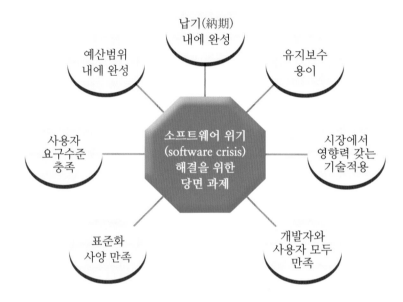

이러한 과제들을 해결하기 위해서 절차지향 방법론보다 객체지향 방법론이 더 우수하다고 보는 이유는 분석 및 설계의 비중을 높여 프로젝트 초기부터 문제의 조기 통제 가능성을 높일 수 있다고 보았기 때문입니다.

절차지향 방법론에 비해서 객체지향 방법론이 분석·설계에 비중을 높게 두는 이유는 간단합니다.

소프트웨어(software)의 복잡성이 증가할수록 하위의 구현·시험 단계보다 상위의 분석·설계 단계로 올라가서 파악하는 추상화 능력(抽象化能力, abstraction capability)의 중요성도 증가하기 때문입니다.

전체를 한눈에 파악하는 추상화 능력, 정보로서 불필요한 부분은 은폐하여 블랙 박스(black box) 형태로 파악하는 정보은폐 능력의 지원을 기반으로 객체지향 방법론은 제3차 소프트웨어 위기의 강력한 해결책으로 출현하였습니다.

제2차 소프트웨어 위기까지 규모의 위기(size crisis), 수량의 위기(quantity crisis)로 나타났던 것이 제3차부터는 품질의 위기(quality crisis)로 넘어갔으며, 그것에 대한 첫 번째 해결 과제인 방법론 차원의 품질의 위기에 대한 해결책으로 객체지향 방법론이 등장한 것입니다.

이처럼, 객체지향 방법론에서는 분석·설계를 중요시 하는 경향이 나타났습니다.

또한, 객체지향 방법론으로 시스템 구축을 할 수 있도록 객체지향 프로그래밍 언어(OOPL: Object-Oriented Programming Language)가 등장합니다.

객체를 지원하는 언어를 객체지원 능력의 관점에서 분류하면 다음의 〈표1.3.1〉과 같습니다.

〈표1.3.1〉 객체지원 기능에 의한 언어 구분

언어의 구분	기본 지원 기능	언어의 예
객체기반 언어 (object-based)	객체 (object)	Actor
클래스기반 언어 (class-based)	객체+클래스 (object+class)	Clu
객체지향 언어 (object-oriented)	객체+클래스+상속 (object + class + inheritance)	Java, C++ Smalltalk, Eifel

객체지향 언어는 순수 객체지향 언어(pure OOPL)와 절차지향까지 지원하는 혼성 객체지향 언어(hybrid OOPL)의 2가지로 분류할 수 있습니다.

그 밖에도 실행파일(executable file)을 만드는 방법에 따라, 컴파일러 형 객체지향 언어와 컴파일러+인터프리터 형 객체지향 언어로 분류하기도 합니다.

(그림1.3.4) 객체지향 언어의 구분

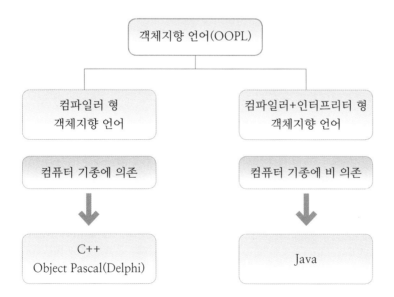

1.4 2010년대까지의 SW 위기의 해결 방법

2000년대 이후에 SI(System Integration) 사업의 성부차원의 발주가 증가하면서 객체지향 언어를 적용한 프로젝트가 급격히 늘어나 대세로 자리잡습니다.

대규모 공공 정보화 사업이 급격히 늘어나면서 방법론의 적용은 절차지향 방법론의 정수인 정보공학 기반의 '관리기법/1(Method/1)'과 객체지향 방법론의 정수인 CBD 기반의 '마르미 III'를 실무에 맞춰서 변형해서 적용하는 등 일반화가 이루어집니다.

이렇게 다양한 방법론이 출현하였지만, 사업 수준의 평가를 통한 소프트웨어 개발 프로세스(process) 품질을 확보하는 것은 용이하지 않았습니다.

이로 인해 제4차 소프트웨어 위기가 발생합니다.

(그림1.4.1) 품질의 정의

A.V. Feigenbaum	사용 제품이 고객의 기대를 어느 정도 충족시켜 주는가를 나타내는 생산된 제품의 복합적인 특성
J.M. Juran	사용자의 적합성
W.E. Deming	현재와 미래의 고객 요구조건의 충족도
ISO 8402	명시된 요구사항을 어느 정도 만족시켜 주는가를 나타내는 제품이나 서비스의 총체적 성능
KS A3001	제품 또는 서비스가 명시적 또는 묵시적으로 요구를 만족시키는 능력이 있는 특징 또는 특성의 총체
품 질	상품 혹은 서비스가 사용 목적을 만족하고 있는지를 결정하기 위한 평가의 대상을 형성하는 고유의 성질 또는 성능

프로세스(process) 관련 품질의 문제를 해결하기 위해, 1987년도에 미국 카네기멜론 대학 SW공학연구소(CMU-SEI)에서 제정했던 것으로 CMM(Capability Maturity Model), CMMI(CMM Integration) 등이 있습니다. 이것을 사용하면 소프트웨어 프로세스 수준을 성숙도로 검증하여 프로세스 개선과 능력(Capability)을 향상시키는 방법으로 품질관리를 해나갈 수 있습니다. 아울러 객관적인 사업 품질 검증을 통한 프로세스와 산출물 품질 개선을 위해 민간 정보시스템 감리의 활성화가 이루어지면서 2007년도에 법제화로 정착합니다.

특히, 분석과 설계단계의 공정과 산출물에 중점을 두어 많은 부분에서 체계화가 이루어졌지만, 2010년대에 들어서 지금까지의 개선 노력에도 불구하고 공정(process)과 산출물 품질의 확보에 아무리 집중하여도 공공 정보화 사업의 품질을 제고함에 있어서는 한계가 있다는 사실이 드러나고 있습니다.

문제를 보완하기 위해 PMO(Project Management Officer) 제도의 도입, 소프트웨어산업진흥법의 개정을 통한 대응 노력 등 많은 노력이 기울여지고 있습니다.

(그림1.4.2) 소프트웨어산업진흥법의 주요 개정 내역

소프트웨어산업진흥법 제12조, 제13조, 제23조

제12조(소프트웨어 표준화의 추진) ① 미래창조과학부장관은 소프트웨어의 효율적 개발 및 품질 향상과 호환성 확보 등을 위하여 소프트웨어 표준화를 추진하고 소프트웨어사업자에게 이를 권고할 수 있다. 〈개정 2013.3.23〉
제13조(품질인증) ① 미래창조과학부장관은 소프트웨어의 품질확보 및 유통 촉진을 위하여 소프트웨어에 관한 품질인증을 실시할 수 있다. 〈개정 2013.3.23〉
제23조(소프트웨어프로세스 품질인증) ① 미래창조과학부장관은 소프트웨어 및 정보시스템 개발프로세스의 품질 향상과 신뢰성 확보 등을 위하여 소프트웨어프로세스 품질인증을 실시할 수 있다. 〈개정 2013.3.23〉

소프트웨어 및 소프트웨어 프로세스 품질의 중요성 인식

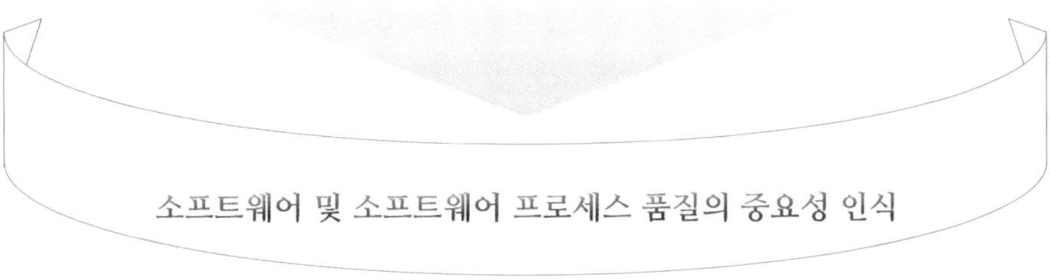

이러한 과정에서 객체지향 개념의 특징인 분석과 설계단계의 공정(process)을 포함하여 구현(Coding)과 테스트 공정 단계까지 포함하는 전 공정이 품질에서 중요한 관리 대상으로 나타납니다.

정보시스템 감리에서도 기존의 수석감리원 및 감리원만 감리가 가능하도록 했던 것을 보완하여 특정 분야(예를 들어, DB, 테스트, 보안 등)의 전문가들도 부분적으로 감리에 참여하여 품질을 올리도록 대응하는 등 개선이 이루어졌습니다.

그러나 이러한 많은 노력과 다양한 개선 시도에도 불구하고, 오랜 기간 동안 공공 정보화 사업들의 진행에 따라 기 구축 시스템에 대한 고도화/개선/유지보수 등을 수행함에 있어서 아래와 같은 개발자의 어려움 해소가 아직도 충분한 수준에 이르지 못한 것도 현실입니다.

(그림1.4.3) 개발자의 공통적인 애로사항

공통적인 애로사항

기존 시스템의 설계 산출물 부실로 이해가 어려움

정보시스템 고도화, 개선, 유지보수 등의 사업을 수행할 때, 기존 시스템의 설계 산출물이 부실하여 현행 시스템을 분석하여 이해하는데 어려움이 있음

기존 시스템이 표준화되지 않아 수정이 어려움

기존에 구축된 시스템들이 코딩 표준, 데이터베이스 표준 등 전체적으로 표준화된 채로 구축이 이루어지지 않아, 표준화 기반의 수정이 용이하지 않음

코드의 가독성이 저하되어 체계적인 보완이 어려움

전자정부표준프레임워크로 개방화 및 표준화가 이루어졌더라도, Java소스 코드 등에서 코드의 이해용이성을 도와줄 수 있는 주석처리를 비롯한 가독성 확보가 미흡하여 체계적 보완이 어려움

기존 방법론이 모호하여 일관성 유지가 곤란함

이전에 시스템을 구축할 때 적용되었던 방법론과 새로 고도화, 개선, 유지보수 등에 적용하는 방법이 상호 연결성이 없고 모호하여 일관성 있는 통합적인 시각에서의 품질의 일관성 유지가 곤란함

특히 2010년대 중반에 다가가면서, 코딩 가이드라인 준수를 통한 소스 코드 품질의 확보, 시큐어 코딩(Secure coding)을 통한 소스 코드 수준에서의 정적 보안성 확보, 소스 코드 수준에서의 테스트 필요성이 증가하고 있습니다.

전 세계적인 모바일(Mobile)화, IoT(Internet of Things)화 등에 힘입어 어려서 부터의 SW코딩 교육의 중요성도 부각되고, 컴퓨팅적 사고(Computational Thinking)의 필요성도 증가하고 있습니다. 하지만, 아직 분석 및 설계 단계에서의 산출물 작업에 많은 시간을 빼앗겨 구현(코딩) 단계 이후의 하위 공정단계에 대한 충분한 시간적 여유를 가지지 못하는 한계를 노출하여 결국 소프트웨어 품질 확보가 어려워지는 등 제5차 소프트웨어 위기가 발생하였습니다.

프로젝트의 성공요인은 여러 가지가 있겠지만, 크게 아래의 3가지 요건에 대한 충족이 이루어지면 성공이라고 볼 수 있습니다.

(그림1.4.4) 성공적인 사업을 위한 기본 3요소

01 성과물이 기대이상으로 고객을 만족시킴

02 개발을 예정 비용의 범위 내에서 계획 일정 내에 완료시킴

03 개발성과물을 변경이나 이식이 용이하도록 제작함

하지만 각 공정단계별 성과물 중에서 특히, 분석 및 설계 단계의 성과물 작성에 대부분의 시간을 소요하고, 일단 사업의 완성 이후에도 변화과정에서 현행화가 거의 이루어지지 않아 중장기에 걸친 소프트웨어 시스템의 안정적 진화에 걸림돌로 작용하고 있습니다.

구현 방법 측면에서는 객체지향 개념이 거의 천하 통일을 하였다고 볼 수 있지만, 공공 정보화 사업에서의 적용 공정은 거의 정보공학 기반의 분석->설계->구현->시험->전개 등으로 이루어지는 폭포수형 공정을 아직도 거의 대부분의 프로젝트에서 적용하고 있는 등 모순의 시정도 이루어지지 못하고 있습니다. 결국, 이러한 모든 문제는 소프트웨어가 눈에 보이지 않는 비가시성(invisibility)을 특징으로 하고 있어, 형상관리(Configuration Management)라는 공정단계별 성과물 품질 점검을 위한 프로세스가 필요하기 때문입니다.

이젠 발상의 전환이 필요한 시기입니다.

제1차부터 제5차에 이르기까지 모든 소프트웨어 위기를 초래한 근본적인 문제점은 아래의 소프트웨어에 대한 용어의 정의로부터 알 수 있듯이 소프트웨어가 비가시성(invisibility)을 가진다고 단정을 내리는 것으로부터 시작합니다.

> 소프트웨어 비가시성(非可視性, invisibility):
> 소프트웨어 구조가 코드 안에 숨어 있어 파악하기 힘든 특징

문제는 발상을 전환하면 의외로 간단하게 풀릴 수 있습니다.

소프트웨어가 갖는 비가시적 특성을 가시적 특성으로 바꿔주는 것입니다.

이를 위해서는 아래와 같이 대 혁신이 필요합니다.

(그림1.4.5) 소프트웨어의 가시적 특성 확보를 통한 혁신 방안

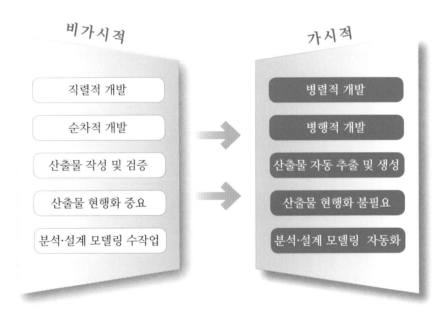

소프트웨어의 비가시적인 특성을 가시적인 특성으로 바꾸는 일은 이론적이고 추상적인 개념이 아니라 현실적인 개념입니다.

이제부터 객체지향 프로그래밍 언어인 Java에 가시적인 특성을 부여한 시각화 객체지향개념(Visualized Object-Oriented Concept)을 익혀 제5차 소프트웨어 위기를 극복하는 방안을 찾아보기로 하겠습니다.

연습문제

1-01 제1차 소프트웨어 위기로부터 제3차 소프트웨어 위기에 이르는 과정에서 구조적 방법이 객체지향 방법으로 변화한 요인을 구체적으로 조사하여 토론해 보세요.

1-02 품질의 위기의 해결 방안으로 등장한 정보시스템 감리와 최근에 등장한 PMO(Project Management Office)의 개념을 상호 비교하고 바람직한 적용 방안을 생각해 보세요.

1-03 본 서에서 제시한 소프트웨어 위기 이외에 추가로 도출이 가능한 위기에는 어떠한 것이 있는지 그 내용을 조사하고 원인과 해결 방안을 생각해 보세요.

1-04 소프트웨어가 가진 특성을 구체적으로 조사하고, 본 서에서 제시하고 있는 소프트웨어의 비가시적 특성의 가시화 이외에 추가로 개선이 가능한 영역으로는 어떠한 것을 들 수 있을지 생각해 보세요.

1-05 소프트웨어의 품질에는 어떠한 속성들이 있는지 조사하고, 품질을 향상시키기 위해 현실적으로 가능한 방안을 브레인스토밍 방법으로 자유롭게 토론해 보세요.

02

Java 언어의 기초

2.1 Java언어의 개요

(그림2.1.1) ALGOL계열 언어의 발전

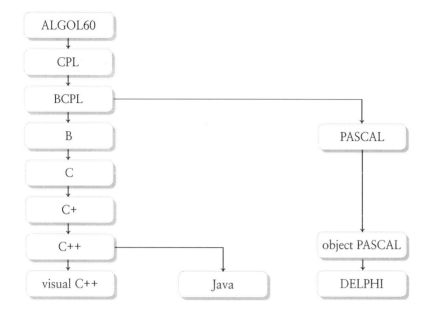

Java언어는 ALGOL계열 언어로부터 발전한 객체지향 언어입니다.

Java언어는 1995년 봄에 선마이크로시스템즈사(Sun Microsystems Inc.: 현재는 Oracle사에 합병됨)에서 근무하고 있던 James Gosling을 위시한 그룹이 WWW(World Wide Web)에의 적용을 목적으로 개발하였습니다.

Java언어는 다음과 같은 특징을 가지고 있습니다.

Java언어의 특징

- 컴파일러+인터프리터 형 언어
- 컴퓨터 기종(platform)에 비 의존
- 객체지향 개념을 완벽하게 지원
- C/C++언어와 유사한 구문을 보유
- 포인터(pointer) 개념은 비 지원
- 쓰레기 수집(garbage collection) 기능
- 다중상속은 인터페이스(interface)로 지원
- 세계의 소규모부터 대규모에 이르기까지 가장 넓은 적용 범위를가진 언어

미국의 포틀랜드에 위치한 레드몬크(RedMonk) 사는 개발자에게 초점을 맞춰서 산업 분석을 하는 것으로 유명합니다.

이 회사에서 2015년 1월에 전세계에서 사용이 이루지고 있는 모든 프로그래밍 언어의 인기 순위를 집계한 바에 의하면, 아래의 그림과 같이 JavaScript가 1위, Java가 2위로 Java계열의 프로그래밍 언어가 모두 1위와 2위를 나눠가지고 있는 것을 알 수 있습니다.

(그림2.1.2) 레드몬크 사가 분석하여 발표한 상위 20개 언어의 인기 순위

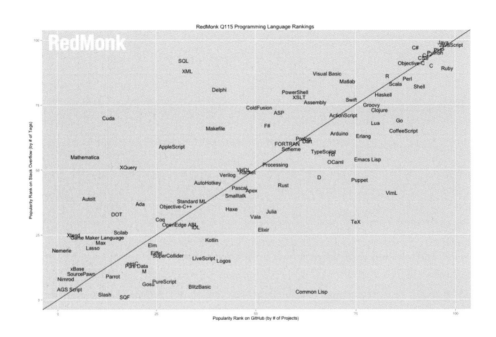

순위	언어	순위	언어	순위	언어	순위	언어
1	JavaScript	5	C++	11	Perl	16	Matlab
2	Java	5	Ruby	11	Shell	17	Go
3	PHP	8	CSS	13	R	17	Visual Basic
4	Python	9	C	14	Scala	19	Clojure
5	C#	10	Objective-C	15	Haskell	19	Groovy

프로그래밍 언어의 인기 순위가 10위 이내에서는 조사기관마다 차이가 있기는 하지만, 다른 조사를 참고해보더라도 Java가 거의 제왕적 위치로 대세를 점유하고 있는 것을 알 수 있습니다.

Java는 소스 코드(source code)를 우선 컴파일(compile)하고 바이트 코드(byte code)로 변환하여 클래스 파일(class file)이라는 특별한 파일(file)에 담아둡니다.

이 클래스 파일(class file)에 담겨있던 바이트 코드(byte code)를 통역(interpreter)하여 프로그램을 실행하는 방식입니다.

(그림2.1.3) Java프로그램의 작성 및 실행

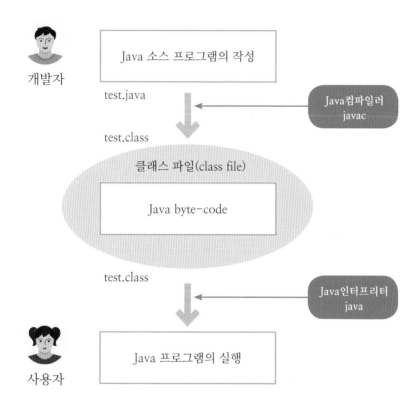

따라서 Java언어를 이용하여 만든 프로그램의 실행 속도는 C/C++과 같은 컴파일러 식 언어를 이용하여 만든 프로그램의 실행속도보다는 느립니다.

그러나 바이트 코드(byte code) 형태로 클래스 파일(class file)에 담아두었던 Java프로그램은 인터넷 상에서 프로그램 사용자(user)의 컴퓨터(computer)로 보내어, 사용자의 컴퓨터 내에서 통역하여 실행할 수 있습니다.

즉, 컴퓨터 기종(platform)으로부터 독립이 가능합니다.

이것은 속도를 희생하는 대신 능력의 무한 확장을 선택한 결과입니다.

최근의 컴퓨터 속도의 엄청난 증가는 자바가 프로그래밍 언어의 제왕이 되는데 약간의 걸림돌이었던 속도 문제까지도 해결해주고 있습니다.

Java언어는 컴파일러+인터프리터 형 객체지향 프로그래밍언어(OOPL: Object-Oriented Programming Language)입니다.

Java처럼 C/C++도 ALGOL계열의 언어이므로, Java언어를 착실하게 습득해두면, 그 밖의 방계언어도 대단히 쉽게 배울 수 있습니다.

객체지향적인 측면을 생각하지 않더라도 Java언어는 종래의 절차지향적인 C언어에 비하여 다방면으로 기능이 확장 또는 정리되었습니다.

그 중에서도 입출력 흐름(Input/Output Stream)의 지정, 상수(常數, constant)와 변수(變數, variable)의 사용, 배열(配列, array)의 선언 및 사용, 연산자(演算子, operator)의 사용, 기억영역(memory)의 동적 확보(new)와 해제(delete) 등 여러 가지 측면에서 Java언어는 C언어보다 사용을 단순화 하거나, 보다 확장 기능을 가지도록 발전하였습니다.

(그림2.1.4) Java언어의 C를 감안하여 확장 또는 정리가 이루어진 기능
(객체지향적 요소를 감안하지 않은 경우)

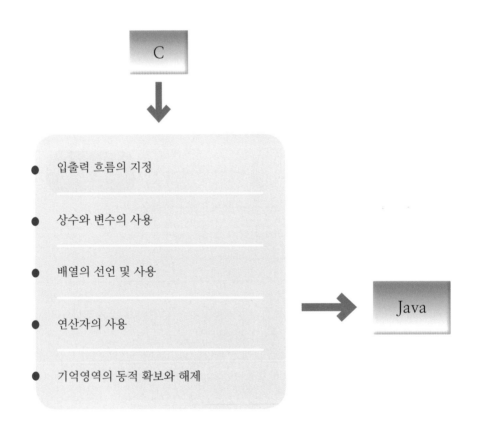

그러면, Java와 C의 차이를 간략하게 비교하여 보도록 하겠습니다.

2.2 Java와 C의 기본차이

Java언어와 C언어의 가장 기본적인 차이는 프로그램의 구성방법이 다르다는 것입니다.

첫째, C언어는 main함수로부터 시작하지만 Java언어 프로그램은 클래스(class)의 정의로부터 시작합니다.

둘째, C언어에서 함수(function)라고 부르는 것을 Java에서는 메소드(Method)라고 부릅니다. 나라마다 언어가 다르듯이 용어만 다를 뿐 거의 동일한 개념이라고 보시면 됩니다.

셋째, C언어에서는 전역 변수(Global variable) 때문에 유지보수(maintenance)가 어려웠었습니다. 하지만 Java(C++ 포함)에서는 지역 변수(local variable)를 적극적으로 채용하여 유지보수를 보다 용이하게 해줄 수 있습니다.

넷째, C언어는 기본적으로 어느 곳에서나 완전히 공개가 이루어진 절차지향 프로그래밍 언어(Procedure-Oriented Programming Language)이지만, Java는 필요에 따라서 정보은폐를 하여 접근을 제한할 수 있는 객체지향 프로그래밍 언어(Object-Oriented Programming Language)입니다.

고객A : "금고를 내 맘대로 열려다 제지 당했어요."
고객B : "객체지향 은행인줄 모르셨군요…"

2.3 Java의 예약어

예약어(keyword, reserved word)

특정한 언어를 사용하여 프로그래밍(programming)할 때, 사용 목적에 따라 특별한 의미의 확정이 미리 이루어진 용어(用語).

Java는 59개의 예약어(reserved word)를 준비하고 있습니다.

예약어 중에 byvalue, cast, const, future, generic, goto, inner, operator, outer, rest, var 등의 11개는 아직 사용이 안되고 있습니다.

이것들은 장래 확장기능을 위해 준비한 것이며, 나중에 새롭게 기능으로 정의할 가능성을 가지고 있습니다.

(그림2.3.1) Java의 예약어

abstract	boolean	break	byte
byvalue	case	cast	catch
char	class	const	continue
default	do	double	else
extends	false	final	finally
float	for	future	generic
goto	if	implements	import
inner	instanceof	int	interface
long	native	new	null
operator	outer	package	private
protected	public	rest	return
short	static	super	switch
synchronized	this	throw	throws
transient	true	try	var
void	volatile	while	

▨ : 현재는 사용하고 있지 않은 예약어

그러면, Java가 갖추고 있는 59개의 예약어 중에서 사용목적에 의한 특정 의미의 결정이 미리 이루어진 48개에 대해 간단하게 설명하겠습니다.

〈표2.3.1〉 Java의 예약어

예약어	기 능
abstract	추상클래스 또는 추상수단을 지정
boolean	논리형(boolean type)
break	되풀이(loop)나 switch를 빠져나감
byte	바이트(byte)형, 8비트(bit) 정수형
case	여러갈래 지정(switch~case문에서 사용)
catch	try블록(block)의 절에서 예외를 잡을 경우
char	문자형(Unicode로 지정)
class	클래스 형틀(class template)을 정의
continue	되풀이(loop)의 끝으로 jump하여 계속
default	switch절에서의 그 밖의 처리
do	되풀이(do~while loop)의 머리 지정
double	배정도실수형(double floating point type)
else	선택문(選擇文)의 기타 처리
extends	클래스 상속시에 친자(親子)간의 상속관계를 표시
false	거짓의 상수(false literal)
final	상수 선언, 서브클래스를 가지지 않는 클래스, 또는 오버라이드(override)할 수 없는 메소드 등을 지정
finally	finally블록(block)의 시작
float	단정도실수형(single floating point type)
for	조건에 의한 되풀이 (끝나는 되풀이)
if	갈래(선택, 조건 분기)
implements	다중상속(multiple inheritance)의 대용으로 사용
import	현재의 패키지(package) 외부에서 클래스(class)나 인터페이스(interface)를 임포트(輸入, import)
instanceof	객체가 클래스(class)의 인스턴스(instance)인지 점검

예약어	기 능
int	정수형, 32비트(bit), 4바이트(byte)
interface	인터페이스(interface) 선언
long	긴정수형, 64비트(bit), 8바이트(byte)
native	호스트 시스템에 의해 구현되는 메소드(method)
new	객체나 배열을 위해 새롭게 기억영역 확보
null	객체를 참조하지 않음(NULL참조)
package	file내의 클래스가 포함되는 패키지(package)를 지정
private	클래스(class)의 정보 은폐된 영역을 표시
protected	클래스의 정보 보호된 영역을 표시
public	클래스의 정보 공개된 영역을 표시
return	메소드(method)의 결과를 호출측으로 되돌림
short	단정수형, 16비트(bit), 2바이트(byte)
static	정적지정(靜的指定)
super	수퍼클래스(super class) 지정
switch	여러갈래 지정(switch~case문에서 사용)
synchronized	관련하는 두 가지 상황에서 동기 지정
this	현재의 클래스 지정
throw	예외상황이 발생한 것을 통지
throws	메소드가 송출할 가능성이 있는 예외 리스트 열거
transient	변수가 객체 내에서 영속적으로는 사용되지 않는 것
true	참의 상수(true literal)
try	예외처리의 설정(try 자신은 특별한 동작 안함)
void	무형(無型)
volatile	비동기로 변경되는 변수로 지정
while	되풀이(loop)

Java의 예약어 설명 중에서 객체(object), 클래스(class)라는 용어가 나오는데, 도대체 객체란 무엇이며, 클래스란 무엇일까요?

연습문제

2-01 본 서에서 제시한 통계 이외에 Java 언어를 포함한 전체적인 프로그래밍 언어의 점유율이나 인기도 등을 분석한 통계들을 조사하여 비교해 보세요.

2-02 Java언어의 장단점을 보다 폭넓게 조사해보고, Java언어를 이용한 실무 프로그래밍을 할 때 보완적으로 사용할 수 있는 언어를 정리해 보세요.

2-03 ALGOL 계열의 언어를 보다 구체적으로 조사하고, 각 언어간의 연관관계를 프로그래밍 언어의 진화 과정과 연관지어 정리해 보세요.

2-04 C언와 Java언어의 유사성과 차이점을 보다 구체적으로 조사하고, 실무 프로그래밍에서 두 언어를 상호 보완적으로 사용한 사례를 조사해 보세요.

2-05 Java 언어의 예약어 중에서 프로그램의 구조적인 로직을 형성할 때 장애요소로 작용할 수 있는 것에는 어떠한 것들이 있는지 생각해 보세요.

03

객체의 기본개념

3.1 객체란 무엇인가?

객체(客體, object)

실 세계(實世界)에 존재하는 사물(事物)

03

(그림3.1.1) 객체(object)의 예

농구공 애니 나사

자동차 사과 시계

붓 자석 자전거

우리 인간은 태어나면서부터 대상 사물(對象事物)을 인식하면서 살아갑니다. 인간이 느낄 수 있는 실 세계(real word)의 사물들을 자연스럽게 표현한 것을 객체(客體, object)라고 합니다.

모든 객체는 이름(名稱, name)을 가지고 있습니다. 우리는 이 사실을 눈 여겨 볼 필요가 있습니다. 우리 인간은 인식하는 이름을 갖지 않은 모든 사물에 대해 이름을 붙여놓는 성질을 가지고 있습니다.

한 번 인식한 사물에 대해 그 특징과 더불어 이름을 붙여놓고나면, 그 다음부터는 눈으로 보거나 또다시 경험하지 않더라도, 그 객체의 이름만으로 객체에 대한 정보를 떠올릴 수 있기 때문입니다.

이처럼 모든 객체(object)는 이름을 가지고 있습니다.

3.2 객체로 볼 수 있는 것

객체의 자격이 있는 것

명사(名詞, noun)로서의 성질을 갖춘 것

(그림3.2.1) 객체의 자격

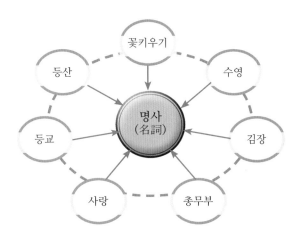

모든 객체는 이름을 가지고 있으며, 없는 객체라 할지라도 언젠가는 이름을 붙입니다.

이름을 가진 대상은 명사(名詞, noun)로서의 성질을 가진 것으로 분류할 수 있습니다.

따라서, 명사의 성질을 가진 모든 사물(事物)은 객체(客體, object)가 될 수 있는 자격을 갖추고 있습니다.

(그림3.2.2) 객체로 볼 수 있는 것

3.3 객체로 볼 수 없는 것

객체의 자격이 없는 것

명사(名詞, noun)의 성질을 갖지 않은 것

(그림3.3.1) 객체가 아닌 것의 식별

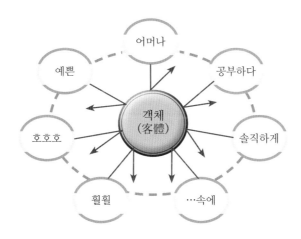

호호호(의성어), 예쁜(형용사), 어머나(감탄사), 공부하다(동사), 솔직하게(부사), 휠휠(의태어), …속에(전치사) 등은 객체로서의 자격이 없습니다.
　객체는 어떠한 경우에도 명사로 분류 가능한 것만이 자격이 있습니다.

(그림3.3.2) 객체로 볼 수 없는 것

3.4 객체의 분류 방법

명사의 분류

명사(名詞), 명사구(名詞句), 명사절(名詞節)

객체는 크게 물리적인 객체와 개념적인 객체로 나뉩니다.

(그림3.4.1) 객체의 인식

객체는 길건(명사구, 명사절), 짧건(명사), 물리적(物理的)이건, 개념적(概念的)이건 상관없이 명사(名詞)의 성질을 가집니다.

(그림3.4.2) 객체의 분류

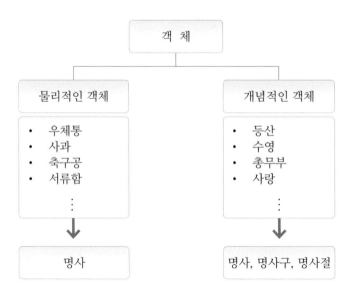

연습문제

3-01 실생활에서 명사의 역할도 할 수 있고 동사의 역할도 할 수 있는 영어 단어의 예를 10개만 조사하여 보세요.

3-02 의성어, 형용사, 감탄사, 동사, 부사, 의태어, 전치사, 접속사 등이 객체가 될 수 없는 이유를 조사하고 자유롭게 토론해 보세요.

3-03 영어로 명사, 명사구, 명사절을 구성하는 사례를 각각 10개씩만 들고 근거를 정리해 보세요.

3-04 영어에서 동사를 가지고 명사구와 명사절을 만드는 방법을 조사하여 정리해 보세요.

3-05 물리적인 객체와 개념적인 객체를 본 서에서 제시한 것 이외에 추가로 10개씩 조사하고 근거를 정리해 보세요.

04

객체간의 관계

4.1 객체간의 관계란?

객체간의 관계

동사(動詞, verb)로 표현

객체간에는 상황에 따라 관계가 성립합니다.

여기 제인이라는 여성이 로버트라는 남성을 사랑하고 있다면, 제인이라는 객체(object)와 로버트라는 객체 사이에는 「사랑한다」 라는 관계가 성립합니다.

(그림4.1.1) 객체간의 관계

객체(object)간의 관계(關係, relation)를 우리는 동사(動詞, verb)로 표현할 수 있습니다.

▶ 참 고

유도부사를 이용한 도치 구문같은 것을 제외하면, 동사를 중심으로 왼쪽에는 주어가 오른쪽에는 대상이 위치합니다. 이때 주어의 행위가 대상에게 영향을 미치면 타동사(transitive verb)로 분류하고 사전에서는 v_t로 나타냅니다. 반대로 주어의 행위가 대상에게 영향을 미치지 않으면 자동사(intransitive verb)로 분류하고 사전에서는 v_i로 나타냅니다.

자동사는 크게 완전 자동사와 불완전 자동사로 구분하고, 타동사는 완전 타동사, 여격 동사(수여 동사), 불완전 타동사 등으로 구분합니다. 이것이 바로 영어에서 문장의 5형식을 구성합니다.

하지만, 최근에는 문장의 5형식이라는 문법 형태의 구성보다는 전체적으로 자동사 용법인지 타동사 용법인지 구분하는 형태로만 분류하는 것이 일반적입니다.

4.2 관계의 종류

객체간의 관계를 표현하는 동사 관계는 크게 「~는 ~이다」 는 「BE동사」 성질의 「이다 관계」, 「~는 ~을 가진다」 는 「HAVE동사」 성질의 「가지다 관계」, 그리고 「~는 ~을 한다」 는 「DO동사」 성질의 「하다 관계」 의 3가지로 나뉩니다.

> **객체간의 관계**
>
> - 이다 관계   : 객체A는 객체B이다.
> - 가지다 관계 : 객체A는 객체B를 가진다.
> - 하다 관계   : 객체A는 객체B를 행한다.

여기서 「하다 관계」 는 「이다 관계」 와 「가지다 관계」 를 제외한 그 밖의 모든 일반동사 관계를 뜻합니다.

따라서, 「하다 관계」 는 「일반동사 관계」 라고 볼 수 있습니다.

(그림4.2.1) 객체간의 관계의 종류

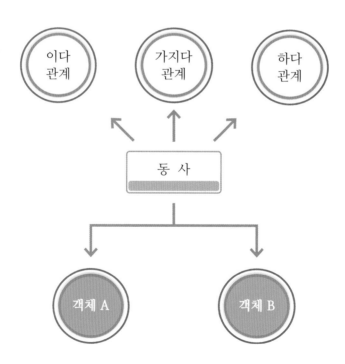

4.3 이다 관계

이다 관계

일반화(一般化)와 특별화(特別化)의 관계

「이다」의 뜻으로 영어에서는 「BE동사」를 사용하므로, 「이다 관계」를 「is-a관계」 또는 「is 관계」라고 부르기도 합니다.

「이다 관계」는 일반화(一般化, generalization)와 특별화(特別化, specialization)의 관계라고 볼 수 있습니다.

"민희는 여성이다."라는 문장에서, 왼쪽에 있는 '민희'라는 객체 A는 여성(woman)이라는 객체 B의 특별한 경우를 형성하며, 오른쪽에 있는 여성(woman)이라는 객체 B는 '민희'라는 객체 A를 일반화시킨 대상을 형성합니다.

(그림4.3.1) 이다 관계

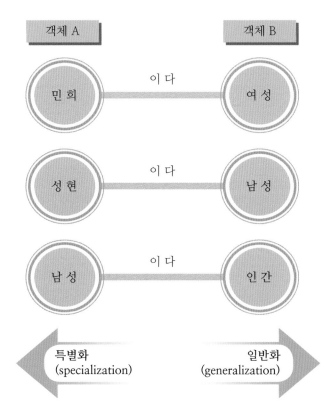

계층 관계(階層關係, hierarchy relation)

「이다 관계」에서 특별화를 이룬 쪽의 객체(客體, object)는 일반화를 이룬 쪽의 객체 속성(屬性, attribute)을 모두 이어받습니다.

"철이는 남성인간이다."라고 말할 때, 철이는 남성인간이 갖추어야 할 기본속성을 모두 갖추고 있다는 것을 뜻합니다.

"남성인간은 인간이다."라고 할 때, 남성인간은 인간이 갖추어야 할 직립성질(直立性質), 도구사용(道具使用), 언어활용(言語活用), 창의성(創意性) 등의 기본 속성(屬性, attribute)을 위로부터 계층적으로 상속(相續, inheritance) 받은 상태에서 남성이라는 특별한 개인적 속성을 추가한 것을 뜻합니다.

즉 「이다 관계」는 계층도(階層圖, hierarchy chart)로 나타낼 수 있는 「계층 관계」라고 볼 수 있습니다.

(그림4.3.2) 이다 관계의 계층성

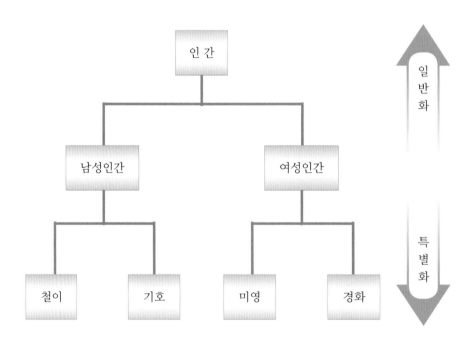

4.4 가지다 관계

가지다 관계

집단화(集團化)와 부분화(部分化)의 관계

「가지다」의 뜻으로 「HAVE동사」를 사용하므로, 「가지다 관계」를 「has-a 관계」 또는 「has 관계」라고 부릅니다.

객체 B의 입장에서는 객체 A의 일부분을 형성하므로 「part-of 관계」라고 부르기도 합니다.

「가지다 관계」는 집단화(集團化, aggregation)와 부분화(部分化, partialization)의 관계입니다. "자동차는 차체와 바퀴를 가지며, 차체는 운전대를 가진다."라는 문장에서, 「자동차」라는 객체는 「차체」와 「바퀴」같은 객체라는 부품들을 모아서 집단화시킨 경우로 볼 수 있습니다.

「차체」는 「운전대」를 비롯한 부품들을 집단화시킨 경우에 해당합니다.

또한, 「바퀴」라는 객체는 「자동차」라는 객체를 분해하여 부품으로 부분화한 경우입니다.

(그림4.4.1) 가지다 관계

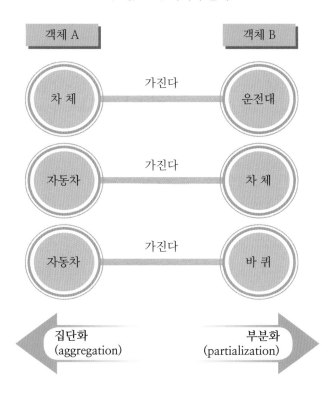

가지다 관계

전체(全體)와 멤버의 관계

「가지다 관계」에서 부분화한 쪽의 객체(客體, object)는 집단화한 쪽의 객체의 일부분을 형성합니다.

"인간은 두 눈을 가지고 있다."라고 한다면, 「눈(eye)」이라는 객체(Object) 두 개가 「인간(human)」이라는 객체의 일부분을 구성하는 멤버(element)로서의 역할을 함을 뜻합니다.

그렇다면 "윤후는 사과를 가지고 있다."와 같은 경우는 어떻게 봐야 할까요?

얼핏 이것도 「가지다 관계」로 생각하기 쉽지만, 전문가 시스템(Expert system)에서는 이것을 「소유하다 관계」 즉, 「owns 관계」라고 하여 「가지다 관계」 즉, 「has 관계」와 구분하고 있습니다.

다시 말해서, 「가지다 관계」인가 아닌가를 판단하는 기준은 객체의 한 쪽이 다른 한 쪽의 일부분을 구성하는 멤버로서의 역할을 하는가 여부에 따르는 것입니다.

(그림4.4.2) 가지다 관계의 부품성

4.5 하다 관계

하다 관계

> 서로 다른 성질을 가진 객체간에 특정한 관계를 맺어주는 연관화(聯關化) 의 관계

「하다」 의 뜻으로는 「DO동사」 가 대표적으로 사용되기 때문에, 「」 는 「does-a 관계」 또는 「does 관계」 로 볼 수도 있습니다. 하지만, 「이다 관계」 와 「가지다 관계」 이외의 모든 관계는 「하다 관계」 로 볼 수 있습니다.

그렇기 때문에, 단순히 「does」 라고 하기보다는, 관계의 의미를 보다 명확하게 해주는 「owns」 , 「needs」 등과 같은 용어(用語)를 써주는 것이 일반적입니다.

(그림4.5.1) 하다 관계

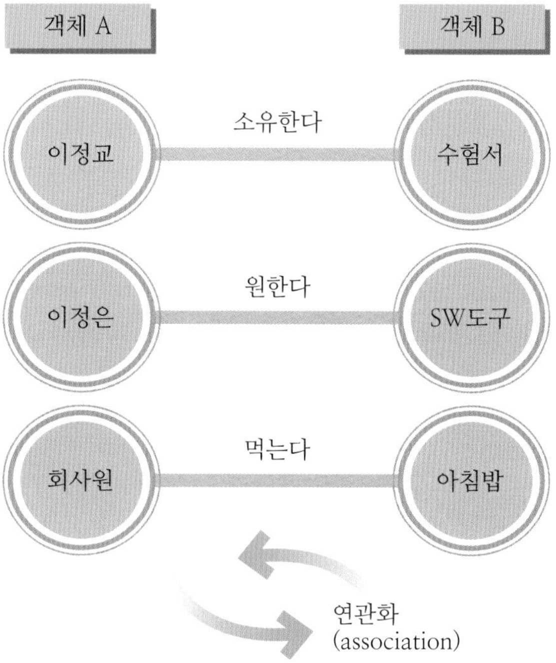

"이정은은 SW도구를 원한다." 라는 글에서, 왼쪽의 「이정은」 이라는 객체 A자체는 「SW도구」 라는 객체 B와 전혀 상관이 없지만, 「원한다」 라는 동사를 통해 서로 연관을 맺는 것입니다.

「연관화(聯關化, association)」로 표현되는 「하다 관계」는 크게 「자동사 관계(自動詞關係, intransitive verb relationship)」와 「타동사 관계(他動詞關係, transitive verb relationship)」의 두 가지로 분류할 수 있습니다.

(그림4.5.2) 하다 관계의 구분

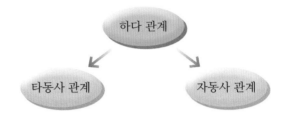

「타동사 관계」에서는 관계의 주체가 되는 객체와 대상을 형성하는 객체가 모두 명사(名詞, noun)의 성질을 가집니다.

한편, 「자동사 관계」에서는 관계의 주체가 되는 객체는 명사(名詞,noun)의 성질을 가지지만, 관계의 대상을 형성하는 객체는 전치사(前置詞, preposition)와 명사를 결합한 형태의 전명구(前名句)로서의 부사적 용법(副詞的用法, adverb)과 같은 성질을 가집니다.

예를 들어, 컴퓨터(computer)에 빠진 「남편이 컴퓨터와 더불어 논다.」고 할 때의 남편과 컴퓨터의 관계는 자동사 관계로 볼 수 있습니다.

(그림4.5.3) 하다 관계 중 자동사 관계의 구성

연습문제

4-01 이다 관계는 IS-A 관계로 대표되는 BE 동사 관계입니다. 이때 주어 역할을 하는 부분과 주격 보어 역할을 하는 부분의 사례를 5개만 들고 적합한지 여부에 대해 토론해 보세요.

4-02 가지다 관계는 HAS_A 관계로 대표되는 HAVE 동사 관계입니다. 이때 주어 역할을 하는 부분과 목적어 역할을 하는 부분의 사례를 5개만 들고 적합한지 여부에 대해 토론해 보세요.

4-03 하다 관계는 DOES-A 관계로 대표되는 일반 동사 관계입니다. 이때 주어 역할을 하는 부분과 목적어 역할을 하는 부분의 사례를 5개만 들고, 기타 동사는 어떤 관계로 볼 수 있는지 토론해 보세요.

4-04 일반화(Generalization), 집단화(Aggregation), 연관화(Association)로 대표되는 개념을 보다 상세히 조사하고, 그 적용 사례를 생각해 보세요.

4-05 인공지능(Artificial Intelligence)이나 전문가 시스템(Expert System)에서 객체간의 관계를 나타내는 사례와 객체지향 개념에서의 객체간의 관계를 나타내는 사례를 조사하여 유사성을 비교해 보세요.

05

클래스 이전의 개념

5.1 객체 제조기 형틀의 유형

객체제조기

객체(object)를 만들어내는 장치

객체(客體, object)는 사물(事物)이므로 어떠한 형태로든 만들어내는 장치가 있어야 합니다.
객체를 만들어내는 장치에 해당하는 형틀을 우리는 객체 제조기(object maker)라고 부릅니다.
「객체」란 이 세상에서 명사(名詞)에 해당되는 모든 것이므로, 기계적인 객체의 제조기뿐만
아니라, 살아있는 유기체(有機體) 유전형질(遺傳形質)도 객체제조기에 해당합니다.
또한 개념적인 사상(思想)을 만들어내는 기반 이론도 「사상(思想, thought)」이라는 객체의
제조기에 해당함은 두말할 나위가 없습니다.
객체 제조기 형틀을 가지고 실제로 만든 객체를 우리는 「인스턴스(instance)」라고 부르기도
합니다.
물론 그냥 「객체(客體,object)」라고 부를 수도 있습니다.

(그림5.1.1) 객체 제조기 (object maker)

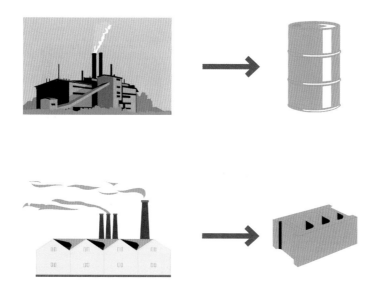

객체 제조기 형틀은 크게 나눠서 다음의 3가지로 분류할 수 있습니다.

(그림5.1.2) 객체 제조기 (object maker) 형틀의 구분

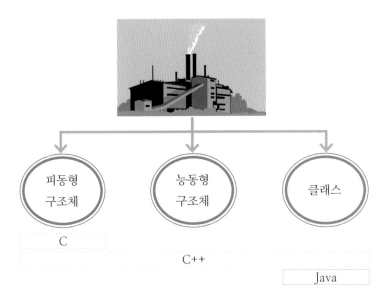

위의 그림과 같이 C에서는 피동형 구조체(struct)만 사용하다가, C++에서는 피동형 구조체, 능동형 구조체, 클래스(class)를 모두 사용하도록 복잡성이 증가하였습니다.
그러던 것이, Java에서는 클래스(class)만 사용하도록 단순화를 도모합니다.

" 어때, 클래스 형틀에 의한 객체 제조 실험은 성공하였지? "

5.2 피동형 구조체의 성질

Java이전에 구조화 프로그래밍 방법을 전세계적으로 사용하던 1980년대까지는, C언어 등과 같은 절차지향적인 언어가 대세를 차지했었습니다. (물론 C언어는 2010년대인 지금도 건재하며 IoT(Internet of Things) 시대를 맞이하여 다시금 세력을 확장하고 있습니다.)

우리는 얼핏 절차지향 언어에서는 객체(object)를 만들어낼 수 없을 것으로 생각하기 쉽지만, 실제로는 만들어낼 수 있습니다.

물론 절차지향의 대표격인 C언어에서도 객체(object)를 만들어낼 수 있습니다.

하지만, 절차지향의 객체 제조기는 살아서 움직이는 동적(動的, dynamic)인 객체의 제조가 아닙니다.

그저 단순한 모양의 주물(鑄物)로 된 형틀(型板)을 이용하여 정적(靜的, static)인 객체를 찍어내는 붕어빵 제조기에 지나지 않습니다.

C언어에서는 이 「붕어빵 제조기」를 형틀 구조(構造, structure)를 만들어내는 몸체라는 뜻으로 「struct」 즉, 「구조체(構造體)」라고 부릅니다.

「구조체(struct)」 형틀로 제조한 붕어빵은 살아있는 붕어가 아니므로 「객체(客體, object)」인 「인스턴스(instance)」 역시 피동적인 창고(passive storage) 역할만 합니다.

(그림5.2.1) 피동형 구조체의 개관

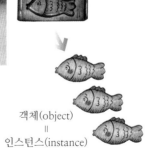

객체(object)
‖
인스턴스(instance)

〈 구조체 제조기 〉

피동형 구조체(passive struct)

피동적인 객체(passive object)를 만들어내는 제조장치 형틀(型板, template)

구조체(構造體, struct)는 일종의 피동적(被動的, passive)인 붕어빵을 만들어 내기 위한 제조장치 형틀(型板, template)로 볼 수 있습니다.

제조된 인스턴스(instance)는 객체(客體)라고 불리며 붕어빵 제조기인 구조체 형틀(struct template)로 찍어낸 실제의 붕어빵을 뜻합니다.

형틀(型板, template)인 구조체(構造體, struct)에서는 붕어빵 속에 넣을 팥이 들어갈 수 있도록 주물(鑄物)을 설정해 줍니다.

이때 설정된 주물(鑄物)을 변수(變數, variable) 또는 멤버변수(member variable)라고 합니다.

구조체 형틀로 찍어낸 인스턴스(instance)인 붕어빵 객체 속의 변수에는 팥이 들어갑니다.

객체 속의 변수에 들어간 팥을 우리는 「값(value)」 이라고 부릅니다.

05

(그림5.2.2) 절차지향식 객체제조

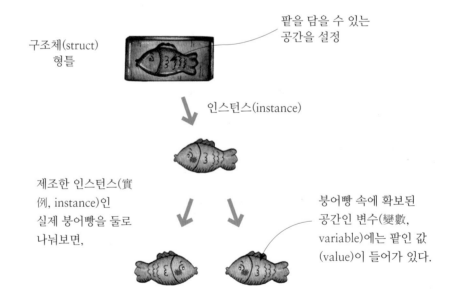

구조체(struct)
형틀

팥을 담을 수 있는
공간을 설정

인스턴스(instance)

제조한 인스턴스(實例, instance)인
실제 붕어빵을 둘로
나눠보면,

붕어빵 속에 확보된
공간인 변수(變數, variable)에는 팥인 값(value)이 들어가 있다.

66

구조체의 성질

멤버(member)로서 오직 피동적 변수(被動的變數, passive variable)만 허용

Java언어의 조상인 C언어에서 사용되는 구조체의 멤버(member)로는 피동적인 변수(被動的變數, passive variable)라면 어느 것이나 허용합니다.

구조체(構造體, struct)의 멤버(member)로 사용하는 피동적인 변수를 우리는 「멤버변수(member variable)」라고 부릅니다.

구조체 형틀은 그 자체로는 객체 제조장치에 불과하므로, 실제로 사용하는 객체(object)는 객체 제조장치에서 만들어주어야 합니다.

일반적으로 C언어로는 객체를 만들 수 없다고 생각하는 사람들이 많으나, 비록 제한이 있는 능력을 가지기는 하지만, C언어로도 이처럼 엄연히 객체를 만들어낼 수 있습니다.

바로 그 일에 사용하는 것이 구조체(struct)입니다.

(그림5.2.3) C언어 구조체의 예

```
struct boongeo_t
{
    char name[20];
    int unitprice;
};
```

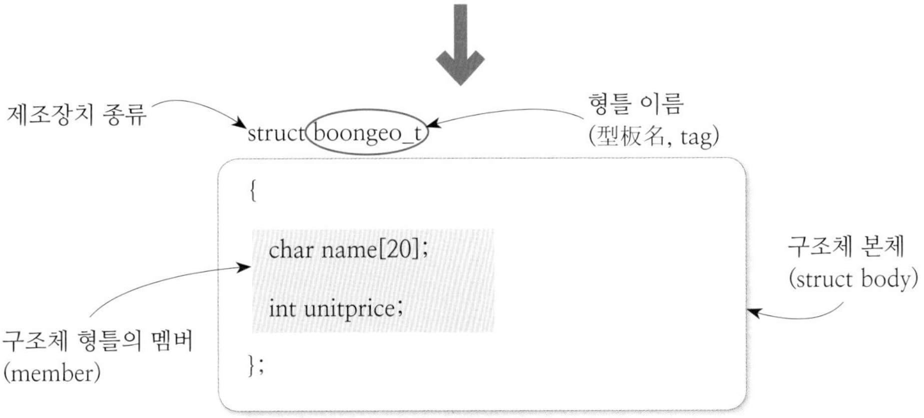

제조장치 종류 → struct boongeo_t ← 형틀 이름 (型板名, tag)

```
{
    char name[20];
    int unitprice;
};
```

구조체 형틀의 멤버 (member)

구조체 본체 (struct body)

예를 들어 「boongeo_t」라는 구조체 형틀(構造體型板, struct template)을 가지고, 「boongeo」라는 객체를 찍어내고(제조하고) 싶다면 프로그램 중에 다음과 같이 정의해 줄 수 있습니다.

```
struct boongeo_t boongeo;
```

그렇게 하면 「boongeo」는 boongeo_t 라는 구조체형 변수(struct type variable)로서의 역할을 합니다. 객체 내의 멤버인 구조체형 멤버변수에 값(value)을 집어넣는 방법은 아주 쉽습니다. 예를 들어, 「boongeo」 객체 내의 unitprice라는 정수형(integer type) 멤버변수(member variable) 속에 10이라는 값을 넣어주고 싶다면, 다음과 같이 구조체형 변수인 boongeo 객체(客體, object)와 unitprice 멤버변수(member variable)를 마침표(.)로 연결하여 지정해줍니다.

```
boongeo.unitprice = 10;
```

〈풀이〉 boongeo 객체 내의 unitprice 멤버변수에 10을 대입하시오.

Java의 조상인 C언어는 객체(客體, object)내의 멤버변수(member variable) 속에 넣을 수 있는 자료로 다음과 같은 여러 가지 형태를 허용합니다.

(그림5.2.4) C언어의 자료 형태

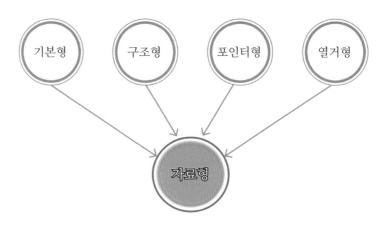

5.3 피동형 구조체의 한계

구조체의 한계

구조체 형틀로 만든 인스턴스는 고객에 대해 어떠한 서비스(service)도 할 수 없는 피동적 자료를 형성하므로, 고객이 기능(function)을 그때그때 만들어줘야 하는 점

고객인 프로그래머(programmer)가 구조체 형틀로 생성한 인스턴스인 붕어빵에 해당하는 객체를 사먹고자 할 경우를 생각해 보지요.

그는 붕어빵을 사먹기 위한 비용의 지불이나 붕어빵을 가져오는 행위를 위한 기능들을 수행하는 함수(函數, function)를 하나하나 고객 자신이 직접 만들어 준 다음에, 붕어빵을 사먹어야 합니다.

붕어빵 하나 사먹는데 이렇게 번거로운 절차를 거쳐야 한다면, 누가 붕어빵을 사먹고 싶겠습니까?

절차지향적인 구조체의 한계가 바로 여기에 있습니다.

(그림5.3.1) 구조체의 한계

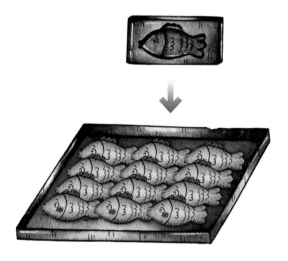

절차지향의 구조체로 만든 인스턴스(instance)인 객체는 피동적인 음(陰, −)에 해당하는 자료로만 이루집니다. 따라서, 자료를 다뤄주는 능동적인 양(陽, +)에 해당하는 함수(函數, function)는 인스턴스(instance) 바깥에서 별도로 만들어주어야 합니다.

이 때, 음(陰, −, minus)에 해당하는 구조체(struct)로 만든 인스턴스(instance)인 객체(object) 내의 자료는 외부의 양(陽, +, plus)에 해당하는 불특정 다수의 함수와 관련을 맺는 상태를 형성합니다.

그것은 무엇을 뜻할까요?

음과 양이 조화를 이루지 못하고, 태극의 순환이 정지한 것을 뜻합니다.

즉, 정적(靜的, static)인 자료(data)를 담는 변수와 동적(動的, dynamic)인 행위(行爲, behavior)를 하는 함수(函數, function)의 관련 범위를 알기 어려운 현상이 발생함을 뜻하는 것입니다.

> **절차지향 인스턴스의 음양**
>
> 인스턴스내의 변수(變數)인 음(陰)과 인스턴스 바깥의 함수(函數)인 양(陽)의 부조화로 문제해결구조인 태극의 순환이 정지

(그림5.3.2) 구조체에서의 음양의 태극 순환 정지

5.4 능동형 구조체의 모든 것

  Java언어가 나오기 전 구조체의 문제점을 해결하기 위해, 객체지향 방법을 사용하는 C++언어가 등장하였습니다.

  C++ 언어에게는 스스로 고객에게 서비스 할 수 있는 능력을 가지고 있지 못했던 구조체(構造體, struct)에 대해 서비스(service)할 수 있는 능력을 부여하였습니다.

  그것은 C언어에서처럼 단순히 모양만 정적(靜的, static)으로 객체(客體, object)를 찍어내는 붕어빵 제조기 속에 일을 하는 꼬마 요정을 집어 넣는 것과 비슷한 방법을 사용했습니다.

  즉, 살아서 움직이는 능동적 멤버(active member)가 구조체 형틀(struct template) 속에 들어가서, 객체 스스로 고객에게 서비스가 가능한 능동적(active)인 구조체로 변한 것입니다.

  C++언어의 「구조체(struct)」 형틀로 제조한 붕어빵은 살아서 서비스(service)하는 지능 있는 능동적 붕어빵이므로, 능동적인 객체(客體, object)의 자격으로 「인스턴스(instance)」 역할을 합니다.

(그림5.4.1) 능동형 구조체

05

호호, 내가 꼬마요정으로 변해 구조체 형틀 속에 들어가서 도와줘야겠군…

능동적 멤버함수
(active member function)

구조체 형틀
(struct template)

능동적 봉사(active service)
가 가능한 멤버함수
(member function)를 포함

멤버(member)로서 피동적인 자료를 담는 변수(變數, variable)와 능동적인 행위를 하는 함수(函數, function)를 모두 허용

Java언어의 전 단계인 객체지향 언어 C++에서 사용되는 구조체의 멤버(member)로는 피동적인 자료(被動的資料, passive data)를 담는 변수와 능동적인 행위를 하는 함수(函數, function)를 모두 허용합니다.

다시 말해서, 능동형 구조체에서는 피동형 구조체의 모든 특성을 이어받음은 물론, 능동적인 행위가 가능한 「멤버함수(member function)」를 추가로 넣을 수 있는 것입니다.

(그림5.4.2) C++ 능동형 구조체의 예

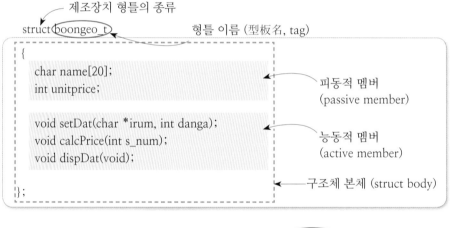

제조장치 형틀의 종류

struct boongeo_t   형틀 이름 (型板名, tag)

```
{
    char name[20];
    int unitprice;

    void setDat(char *irum, int danga);
    void calcPrice(int s_num);
    void dispDat(void);

};
```

피동적 멤버 (passive member)

능동적 멤버 (active member)

구조체 본체 (struct body)

멤버함수 (member function)

멤버변수 (member variable)

" 신용카드로 대금 지불하는 것도 가능하죠? "

객체지향의 구조체로 만든 인스턴스(instance)인 객체 내에서는, 음(陰, −)에 해당하는 피동적인 자료(data)를 담는 변수(變數, variable)와 자료를 다뤄주는 양(陽, +)에 해당하는 능동적인 함수(函數, function)를 모두 인스턴스(instance)인 객체(object) 내부의 멤버(member)로 집어넣을 수 있습니다.

이 때, 객체 내의 음(陰, −)에 해당하는 변수는 양(陽, +)에 해당하는 객체 내의 특정한 멤버함수와 유기적(有機的)인 관련을 맺습니다. 그것은 무엇을 뜻할까요?

음(陰)과 양(陽)이 조화를 이루면서 태극(太極)의 순환을 순조롭게 행하는가운데, 정적(靜的, static)인 변수(變數, variable)와 동적(動的, dynamic)인 함수(函數, function)의 연관관계의 범위를 명확하게 형성한다는 것을 뜻하는 것입니다.

> **능동형 인스턴스의 음양**
>
> 인스턴스내에서의 멤버변수와 멤버함수의 음양(陰陽) 조화로 문제해결 구조인 태극이 순환(循環)

(그림5.4.3) 능동형 구조체의 태극 순환

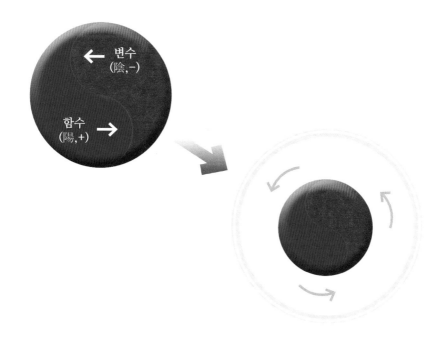

멤버함수(member function)는 결국 절차지향에서 전역적으로 만들어 사용하던 함수 (function)들을 목적별로 모아서 지역적으로 객체 단위로 묶어준 것으로 볼 수 있습니다.

멤버변수는 절차지향의 경우에 전역적으로 사용하던 변수들을 목적별로 묶어서, 지역적으로 지역 변수(local variable)라는 형태로 지정하여 그것을 창고(storage)로 활용하는 것으로 볼 수 있습니다.

이 경우에 멤버함수(member function)는 멤버변수를 적절하게 다뤄주면서 목적을 달성하는, 일종의 「메소드(method)」 또는 「함수(函數, function=method)」에 해당한다고 볼 수 있습니다.

처음에는 C++언어에서는 「멤버함수(member function)」라고 부르고, Java에서는 「메소드」라고 부르기도 했으나, 지금은 전부 「메소드」로 통일하여 부릅니다.

> 메소드(method)
>
> 멤버함수(member function)와 같은 개념

(그림5.4.4) 객체의 구성

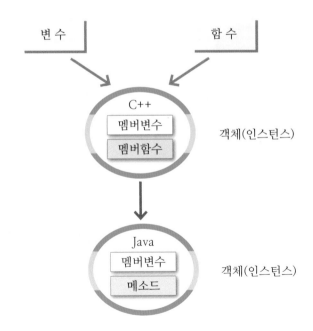

객체는 자신이 가진 「특성(特性, characteristics)」과 목적을 달성하기 위한 「수단(手段, method)」으로서의 「행위(行爲, behavior)」를 하고 있다고 볼 수 있습니다.

따라서 객체지향 방법론에서 「특성(characteristics)」이라고 지칭할 수 있는 것들은 자료(data)를 담아두는 그릇으로서의 멤버변수(member variable)가 가진 성질을 뜻하는 것입니다.

객체가 취하는 행위(行爲, behavior)는 멤버함수(member function) 즉, 메소드(method)를 뜻하는 것임을 쉽게 알 수 있습니다.

(그림5.4.5) 객체의 세부 구성

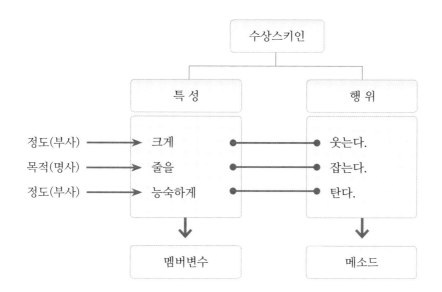

정리하자면, 피동형 구조체는 피동적 변수만 멤버로서 허용하며, 외부에서 구조체 형틀(struct template)로 찍어낸 인스턴스(instance, 객체, object)의 속으로 아무런 제한 없이 접근할 수 있다는 점에서 문제점을 내포하고 있습니다.

이에 비해, 능동형 구조체는 능동석 함수도 멤버로서 허용함은 물론, 변수와 함수를 포함한 형태의 능동적 변수도 허용하고, 인스턴스(instance)인 객체(object) 속으로의 접근통제가 가능합니다.

> **피동형 구조체**
>
> 구조체(struct)의 멤버(member)로서 피동적 멤버변수(member variable)만 허용

> **능동형 구조체**
>
> 구조체의 멤버로서 피동적 멤버변수와 능동적 멤버함수를 모두 허용

능동형 구조체는 다음 장에서 다루는 클래스(class)를 태동시키는 모체(母體)입니다.

(그림5.4.6) 구조체의 진화과정

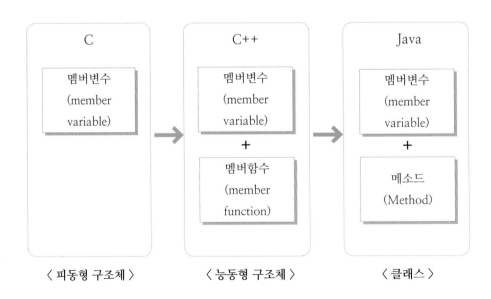

연습문제

5-01 일반적으로 형틀(Template)이라고 표현할 수 있는 사례를 조사해 보고, 객체지향 개념에서의 형틀과 비교해 보세요.

5-02 객체(Object)는 데이터베이스에서 개체(Entity)라는 개념으로 표현하고 있습니다. 또한 객체가 가지는 특성(Specialty)은 데이터베이스에서는 속성(Attribute)이라는 개념으로 표현하고 있습니다. 상호 유사성과 차이점을 비교하여 검토해 보세요.

5-03 최근에는 능동형 구조체나 클래스가 대세를 장악하지 않고, 아두이노(Arduino)와 같은 IoT(Internet of Things) 시대의 오픈 소스 기반의 마이크로 컨트롤러(Micro Controller)에 C언어를 적극 사용하면서 피동형 구조체의 활용도가 증가하고 있습니다. 구조체와 클래스의 사용 사례를 조사해 보세요.

5-04 함수나 메소드에서 void를 사용하는 이유를 조사하고 void를 생략하는 경우에 어떠한 현상이 일어나는지 설명해 보세요.

5-05 Java 언어의 기반이 되는 C언어와 C++ 언어의 변수와 함수가 음양의 조화를 이루는 내역을 태극에 비교하여 개념적으로 설명해 보세요.

06

클래스와 기본 프로그램

6.1 클래스(class)란 무엇인가?

클래스(class)

객체를 만들어 내는 형틀(型板, template)

능동형 구조체는 클래스(class)로 발전합니다. 클래스(class)는 일종의 주스자판기를 만들어 내는 형틀(型板, template)이라고 볼 수 있습니다.

붕어빵 제조장치인 구조체로 만든 붕어빵과는 달리 주스자판기 제조장치인 「클래스 형틀 (class template)」로 만든 주스자판기는 기본 상태가 붕어빵과 다릅니다.

붕어빵은 팥이라는 데이터만 들어있지만, 자판기는 판매되는 자판기 제품 데이터와 더불어 돈을 입력 받는 기능, 제품을 선택하는 기능, 선택된 제품을 내보내는 기능 등 메소드(Method)를 포함하고 있습니다.

주스자판기의 고객은 주스자판기에 동전을 넣어 주스를 사먹을 수는 있으나, 주스자판기는 내부를 감싸는 형태로 포장이 이루어져 필요에 따라서 들여다 볼 수 있게(public)도 할 수 있고, 들여다 볼 수 없게(private) 할 수도 있습니다.

(그림6.1.1) 클래스

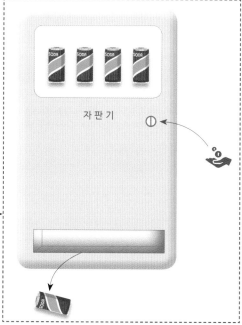

클래스는 이러한 자판기 객체를 몇 개라도 만들어 낼 수 있는 자판기 제조 공장의 자판기 제조장치 형틀 (template)에 해당합니다.

6.2 캡슐화(encapsulation)

캡슐화(內藏化, encapsulation)

멤버변수(member variable)와 메소드(method)를 한 번에 하나의 객체(object) 라는 캡슐(capsule) 속에 담는 것

객체의 내부를 감싸는 형태로 포장하여 필요에 따라서 들여다 볼 수 있게도 들여다 볼 수 없게도 하는 형태로 멤버를 캡슐(capsule)처럼 포장한 개념을 「캡슐화(encapsulation)」 라고 합니다.

캡슐화(encapsulation)란 우주선 캡슐(capsule) 속에 우주인이 들어가는 것과 같은 개념입니다.

이것을 주스자판기로 설명한다면, 주스자판기 내부에 내용물이 들어가 있고, 그 외부를 포장하는 형태로 케이스를 가지고 감싸주는 것과 같은 개념이라고 생각하면 됩니다.

주스자판기 「객체」 에는 동전을 받거나 주스를 공급해주는 근무자와 같은 일을 담당하는 메소드(method)와 동전이나 주스와 같은 자료를 보관해 두는 멤버변수(member variable)라는 저장소(storage)가 있습니다.

이들이 주스자판기라는 캡슐 속에 근무자처럼 들어가 그 속에서 외부에 대해 서비스(service)하게 하는 개념이 바로 「캡슐화(encapsulation)」 입니다.

(그림6.2.1) 캡슐화

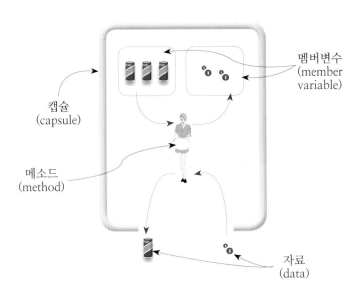

캡슐
(capsule)

멤버변수
(member
variable)

메소드
(method)

자료
(data)

6.3 정보은폐(information hiding)

> **정보은폐 (information hiding)**
>
> 외부에 노출시킬 필요가 없는 정보를 외부에 대해 격리시켜 은폐하는 것

캡슐에는 두 가지 종류가 있습니다. 속을 들여다 볼 수 있는 투명한 캡슐(transparent capsule)과 속을 들여다 볼 수 없는 은폐한 불투명한 캡슐(opaque capsule)이 바로 그것입니다.

구조체(struct)는 언어에 상관 없이 기본적으로 투명한 캡슐을 만들어내는 제조 장치이지만, 클래스(class)는 언어에 따라 차이가 있습니다.

Java의 클래스는 기본적으로 투명한 캡슐의 제조장치이지만, C++의 클래스는 기본적으로 불투명한 캡슐의 제조장치입니다.

예를 들어, 주스자판기의 몸통을 기본적으로 정보은폐시켜서 개인적인 정보를 보호하는 개념이 C++의 클래스(class) 개념입니다.

반면에, 주스자판기의 몸통 속을 기본적으로 누구라도 뜯어볼 수 있도록 하는 개념이 바로 Java의 클래스 개념입니다.

" 어때, 정보은폐의 위력을 알겠지? "

이미 앞에서 설명한 바와 같이 절차지향 C언어의 구조체(構造體, struct)는 항상 투명한 캡슐(transparent capsule)입니다.

객체지향 C++의 구조체(struct)도 별도의 지정이 없다면 기본적으로 지정한 상태(default state)로서 투명한 정보공개 상태(public state)인 캡슐(capsule)입니다.

C++의 클래스(class)는 별도의 지정이 없는 한, 정보은폐(private) 상태를 이룹니다.

하지만 Java의 클래스(class)는 기본적으로 지정한 상태(default state)로서 클래스의 내용을 외부에 대해 정보공개(public)합니다.

이것은 어째서 일까요?

물론, 특별한 지정이 없는 한 정보은폐(情報隱蔽, information hiding private)하는 것이 안전성(安全性, security)의 면에서는 높지만 편리성은 떨어집니다.

공원에 가더라도 회사에 가더라도 특별한 지정이 없는 한 세상의 모든 것을 정보은폐(情報隱蔽, information hiding private)한다면 얼마나 불편할까요?

그러한 이유로 Java는 지나친 안전성(安全性, security)보다는 편리성(便利性, convenience)을 선택했다는 것을 알 수 있습니다.

– 고개 숙인 아버지 –
" 회사가 나에 대해 정보은폐를 선언했어… "

제조장치 형틀의 종류

class Boongeo   클래스 이름(class name)

```
{
  int sellPrice;

  public static void main(String args[]) {
    Boongeo boongeo = new Boongeo();   // Boongeo클래스로 boongeo객체 생성

    //.붕어빵의 판매가격 처리를 한다.
    {
      boongeo.calcPrice(3, 300);
    }
  }

  void calcPrice(int n, int price) {

    //.판매가격을 계산한다.
    {
      sellPrice = n * price;
      System.out.println(sellPrice);
    }
  }
}
```

정보공개된 영역

06

(※ 이 프로그램의 설계도, 다이어그램, 실행화면은 예제6.7.1에서 자세히 다룹니다.)

최근에는 해킹이 사회적인 이슈로 등장하고, 개인정보 보호 등 보안을 중요시하는 사회적 목소리가 증대하고 있습니다.

따라서 Java에서도 시큐어 코딩(Secure Coding)이라는 개념을 도입하여 안전하게 코딩하는 방법을 중요시하는 추세입니다.

시큐어 코딩도 아주 중요한 개념이기는 하지만 상당히 고난이도의 코딩 능력을 요구하기 때문에, 이 부분에 대해서는 별도로 발간할 고급 수준의 서적에서 상세히 다루도록 하겠습니다.

Java 클래스의 성질

기본적으로 정보공개(public)를 지원

지금까지 설명한 내용을 정리하면 〈표6.3.1〉과 같습니다.

〈표6.3.1〉Java에서의 정보관리

항목 언어구분	지원개념	객체형틀의 종류	디폴트 상태	정보공개 지원여부	정보은폐 지원여부
Java	객체지향	클래스 (class)	정보공개	○	○
C++	객체지향	구조체 (struct)	정보공개	○	○
		클래스 (class)	정보은폐	○	○
C	절차지향	구조체 (struct)	정보공개	○	X

객체지향에서 정보은폐는 순수한 정보은폐입니다.

정보공개(情報公開, public)를 할 경우에는 완전히 공개하며, 정보은폐(情報隱蔽, private)를 할 경우에는 완전히 은폐합니다.

이 말은 정보를 공개한 부분의 경우 읽기/쓰기(read/write)가 모두 자유로워지며, 정보를 은폐한 부분의 경우 읽기/쓰기를 모두 차단한다는 것을 뜻합니다.

예를 들어, 정보를 은폐한 경우에는 정보가 들어있는 곳을 객체의 바깥에서 살짝 들여다보기만 하는 읽기만 가능한 상태(read-only state)가 혹시 가능하지 않을까 하는 생각은 아예 버려야 합니다. 물론 쓰기만 가능한 상태(write-only state)가 혹시 가능하지 않을까 하는 생각도 아예 버려야 합니다.

정보은폐가 된 객체 내부의 정보에는 어떠한 경우에도 외부에서 직접 접근(access)할 수 없습니다.

객체 외부에서 정보 은폐된 객체 내부에 접근하려면, 객체 내부의 외부와 대화하기 위해 개방된 장소에 배치되어 있는 메소드(method)를 통해야만 합니다.

일단 정보 개방된 메소드를 통하기만 하면, 객체 내부의 은폐한 부분에 있는 멤버변수에 읽기/쓰기를 하는 것이 모두 가능합니다.

〈 정보 은폐 로봇 〉

　Java는 클래스(class) 이외에도 인터페이스(interface)나 패키지(package)라는 새로운 개념을 지원하지만, 이들에 대해서는 뒷 장에서 설명하겠습니다.

6.4 클래스와 객체의 개념 정리

몇 가지의 개념들을 Java언어의 관점으로 정리하면 다음과 같습니다.

클래스(class)

- 객체의 제조장치 형틀(template)
- 능동형 구조체와 동일하게 디폴트(default) 상태를 정보공개 상태로 한 것
- Java는 클래스(class) 중심의 언어

객체(object) = 인스턴스(instance)

- 클래스 형틀(class template)로 제조한 인스턴스(instance)
- 클래스형 변수(class type variable)
- 객체(object)는 변수로 사용

(그림6.4.1) 클래스(class)와 객체(object)

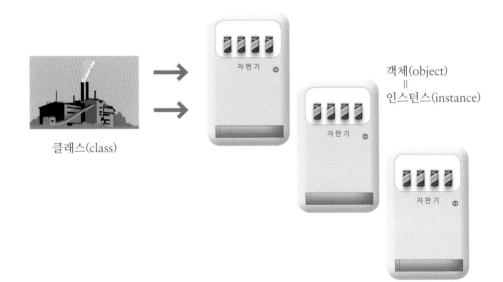

클래스(class)

객체(object)
=
인스턴스(instance)

클래스(class)라는 주스자판기 제조장치 형틀(template)에서 설정해준 멤버변수(member variable)는 실제로 제조한 인스턴스(instance)인 주스자판기라는 객체(客體, object)에서는 변수(變數, variable)라는 형태로 기억영역을 확보합니다.

제조한 주스자판기의 주스저장소 및 동전저장소에 실제의 주스 값인 동전과 판매할 음료수를 집어넣는 것처럼 확보한 변수영역에는 실제의 값(value)이 들어갑니다.

멤버변수(member variable)

객체 내에 자료를 담기 위해 확보해 둔 공간

값(value)

멤버변수 속에 출입하는 실제의 자료(data)

(그림6.4.2) 클래스(class)와 객체(object) 세부 내역

06

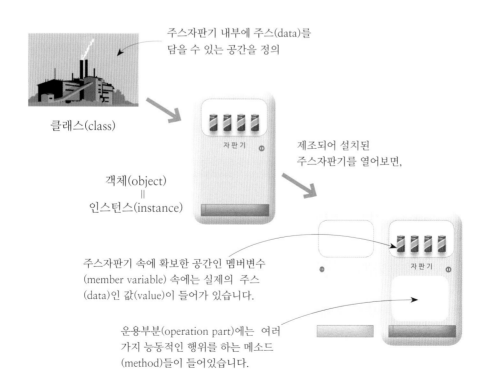

주스자판기 내부에 주스(data)를
담을 수 있는 공간을 정의

클래스(class)

객체(object)
‖
인스턴스(instance)

제조되어 설치된
주스자판기를 열어보면,

주스자판기 속에 확보한 공간인 멤버변수
(member variable) 속에는 실제의 주스
(data)인 값(value)이 들어가 있습니다.

운용부분(operation part)에는 여러
가지 능동적인 행위를 하는 메소드
(method)들이 들어있습니다.

여기서 멤버변수(member variable)의 성질에 대해 좀 더 상세하게 알아둘 필요가 있습니다.

Java에서 사용하는 멤버변수로는 피동적인 자료(data)를 담는 변수만 허용하지는 않습니다.

변수라는 것은 일종의 명사(名詞, noun)에 해당하는 객체를 담는 그릇이라고 보는 것이 더 타당합니다.

따라서 그것이 명사(名詞, noun)이든, 명사구(名詞句, noun phrase)이든, 명사절(名詞節, noun clause)이든 상관이 없이 명사 자격이 있는 것이면 모두 변수 속에 들어갈 자격이 있습니다. 멤버변수를 선언할 때는 그러한 모든 것들을 각각 수용할 수 있어야 합니다.

예를 들어, 컴퓨터(computer)를 구입하여 뜯어보았는데 그 속에 전자부품(electronic components) 만이 들어있다면, 멤버변수인 컴퓨터는 피동적인 자료만 수용한 셈입니다.

그러나 그 컴퓨터(computer) 속에 능동적인 행위를 할 수 있는 내용물들이 들어있다면, 멤버변수인 컴퓨터는 능동적인 메소드(method)를 포함한 또 다른 객체까지 수용하는 역할을 합니다.

이러한 추상화를 가능하게 함으로써 Java에서는 복잡도(complexity)를 제어하는 것이 상대적으로 쉽습니다.

〈 멤버변수의 융통성 〉

Java에서 클래스 형틀(class template)을 결정하고 나면, 해당 형틀(型板, template)로 만들어내는 객체(客體, object)는 개수(個數)에 관계없이 클래스 형틀과 동일한 특성(特性, characteristics)을 가지며, 동일한 행위(行爲, behavior)를 합니다.

이 때, 실제로 특성을 외부에 노출하여 행위를 하는 것은 클래스(class) 형틀이 아니라 클래스 형틀이 만든 인스턴스(instance)인 객체(object)라는 사실은 이미 여러 번 설명한 바와 같습니다.

다시 말해서, 실제로 들놀이를 다닐 수 있는 것은 정적 존재인 클래스(class)가 아니라 동적 존재인 객체(object) 입니다.

참고로 객체(客體, object) 즉, 인스턴스(instance)가 외부에 대해 반응하는 기능을 함수(function), 행위(behavior), 서비스(service) 등과 같은 용어(用語)로 표현하기도 합니다.

기능의 표현 예

함수(function) = 메소드(method) = 행위(behavior) = 서비스(service)

" 형틀과 똑같은 객체를 만들 수 있다더니… 바로 이건가? "

클래스(class)는 프로그램 개발자가 일일이 만들어서 사용할 수도 있으나, 통상적으로는 전문 클래스 개발자가 각 전문영역별로 신뢰성 있는 클래스 형틀(class template)을 제작하여, 라이브러리(library) 형태로 제공하는 것을 이용하는 것이 바람직합니다.

전문 프로그래머의 단점을 지적하는 말 중의 하나로 "Not invented here!" 즉 "여기서 창안되지 않았다!"라는 구절이 있습니다. 그것은 전문 프로그래머들은 자기가 개발한 것이 아니면 잘 쓰지 않으려는 습성을 가지고 있다는 것을 단적으로 지적해주고 있는 것입니다.

인간은 모든 것을 혼자 해낼 수는 없습니다.

그렇기 때문에, 자기가 개발한 것이 아니라도 신뢰성이 있다는 것을 확인하면, 중복해서 노력을 투자하기 보다는 라이브러리 형태로 제공받는 클래스 형틀(class template)들을 적극적으로 활용하는 것이 바람직합니다.

클래스(class)는 추상화(抽象化, abstraction)를 통해 상위개념으로의 통합이 가능하므로, 추상화(抽象化)의 개념을 잘 이해하고 있다면 라이브러리의 이용은 생각보다 상당히 쉽습니다.

(그림6.4.3) 클래스 라이브러리

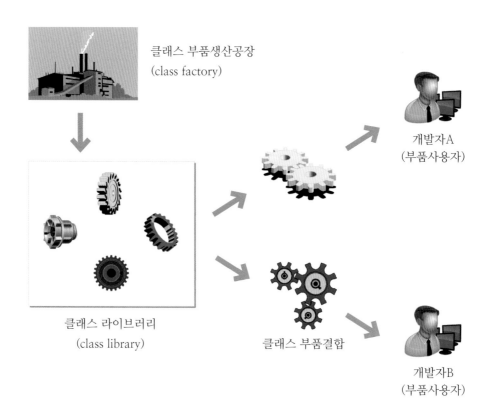

클래스 부품생산공장
(class factory)

클래스 라이브러리
(class library)

클래스 부품결합

개발자A
(부품사용자)

개발자B
(부품사용자)

6.5 가장 간단한 Java 프로그램

예제 6.5.1과 같이 문자열을 출력하는 간단한 Java프로그램을 예로 들어 Java 프로그램의 기본 형식에 대해 살펴보겠습니다.

Java 예제 6.5.1 문자열 출력하기

🖥 **프로그램**

```java
class SimpleCharDisplay  {

  public static void main(String args[])  {

    //.문자열을 출력한다.
    {
      System.out.println("I want to study Java.");
      System.out.println("It is very interesting.");
    }
  }
}
```

예제 6.5.1의 프로그램은 SimpleCharDisplay라는 이름으로 정의한 클래스를 형성하고 있습니다. SimpleCharDisplay 클래스는 내부에 main이라는 메소드(Method)를 가지고 있습니다. main 메소드는 "I want to study Java."라는 문자열과 "It is very interesting."이라는 문자열을 출력하는 일을 합니다.

이처럼 Java언어 프로그램은 클래스(class)의 정의로부터 시작합니다.

예제 6.5.1을 보면 main 메소드 앞에 public static void, 괄호 속에 String args[]라고 쓴 것이 보이는데 의미는 다음과 같습니다.

06

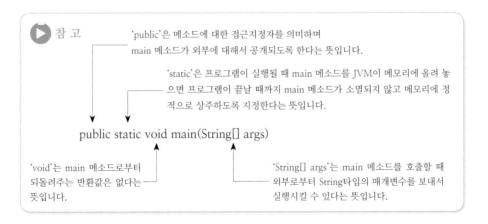

▶ 참 고

'public'은 메소드에 대한 접근지정자를 의미하며 main 메소드가 외부에 대해서 공개되도록 한다는 뜻입니다.

'static'은 프로그램이 실행될 때 main 메소드를 JVM이 메모리에 올려 놓으면 프로그램이 끝날 때까지 main 메소드가 소멸되지 않고 메모리에 정적으로 상주하도록 지정한다는 뜻입니다.

public static void main(String[] args)

'void'는 main 메소드로부터 되돌려주는 반환값은 없다는 뜻입니다.

'String[] args'는 main 메소드를 호출할 때 외부로부터 String타입의 매개변수를 보내서 실행시킬 수 있다는 뜻입니다.

예제6.5.1에서 문자열을 표준 출력하는 명령에 해당하는 System.out.print()는 문자열을 출력 후에 줄 바꿈을 하지 않는 명령이며, System.out.println()은 출력 후에 줄 바꿈을 하는 것입니다. 또한 //는 주석처리를 하는 것이며, // 오른 쪽은 컴파일 시에 무시됩니다. 주석은 // 뿐만이 아니라, /*과 */을 사용하여 여러 줄에 걸쳐서 주석을 사용할 수도 있습니다. /*과 */는 줄 수에 관계없이 유효하지만, //는 1줄 내에서만 유효합니다.

정리해보자면, 「main 메소드는 Java 프로그램에서 가장 먼저 일을 수행하며, 프로그램이 끝 날 때까지 메모리에 상주하면서 총괄 지휘자 역할을 하기 때문에 외부에 공개합니다(public).

또한, 중간에 새로 생성하거나 소멸하지 않고 항상 정적으로 메모리에 상주합니다(static). main 메소드는 자신이 총괄 지휘자이기 때문에 자신이 호출하는 다른 메소드로 부터 반환 값 (return value)을 받기는 하지만 자신이 남에게 반환 값을 주지는 않습니다(void).」라고 할 수 있습니다. 다만, 외부에 존재하는 다른 프로그램이 호출할 때는 반환 값을 줄 수 있습니다.

본 서에서는 (주)소프트웨어품질기술원에서 개발한 구조화 객체형태로서 결합, 분해, 추 상화 등의 설계처리 자동화를 도모할 수 있도록 만든 부품인 쏙(SOC:Structured Object Component, 구조화객체부품)과 이를 지원하는 설계와 코드 융합 도구인 새틀(SETL: Structured Efficiency TooL), 그리고 Java를 사용한 시각화 프로그래밍을 할 수 있는 새빛 (SEVIT:Software Engineering Visualized Integration Tool, 소프트웨어공학 시각화 통합도구) 을 사용하여 Java 프로그램에 대한 이해를 높이고자 합니다.

쏙(SOC:Structured Object Component)은 '구조화객체부품'이라는 뜻으로 조립식 패턴부품 을 사용함으로써 설계구현이 쉽습니다. 또한, 순서화, 계열화, 계층화를 입체적으로 표현할 수 있는 잔디구조(Lawn Structure)를 형성하여 추상화와 구체화를 계열적으로 나타내며 완벽한 구 조적 설계와 객체지향 설계의 표현이 가능합니다.

본 서에서는 예제 프로그램의 코딩 내용을 쏙(SOC) 설계도와 함께 나타냄으로써, 프로그램의 이해를 돕고자 하였습니다.

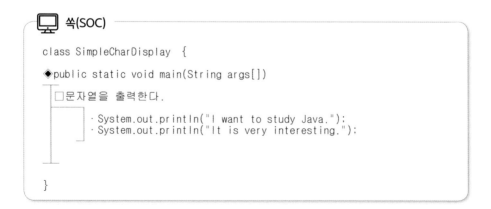

새빛(SEVIT: Software Engineering Visualized Integration Tool)은 '소프트웨어공학 시각화 통합 도구'라는 뜻으로 다양한 다이어그램이 있지만 본 서에서는 기본적으로 시스템 다이어그램(System Diagram), 클래스 다이어그램(Class Diagram), 시퀀스 다이어그램(Sequence Diagram)의 3가지 다이어그램을 사용하여 Java 프로그래밍을 모델과 병행하여 시각화 해주는 역할을 할 것 입니다. 또한, 패키지 다이어그램은 꼭 필요한 경우에만 사용하고 있습니다.

예제 6.5.1과 관련하여 새빛(SEVIT)을 이용하여 시각화한 다이어그램들을 살펴보겠습니다.

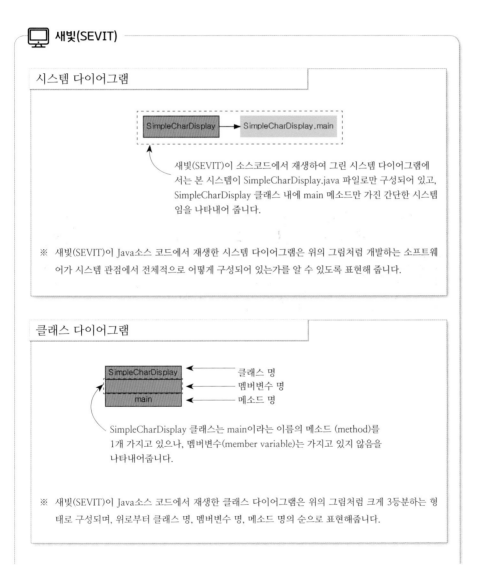

새빛(SEVIT)

시스템 다이어그램

새빛(SEVIT)이 소스코드에서 재생하여 그린 시스템 다이어그램에서는 본 시스템이 SimpleCharDisplay.java 파일로만 구성되어 있고, SimpleCharDisplay 클래스 내에 main 메소드만 가진 간단한 시스템임을 나타내어 줍니다.

※ 새빛(SEVIT)이 Java소스 코드에서 재생한 시스템 다이어그램은 위의 그림처럼 개발하는 소프트웨어가 시스템 관점에서 전체적으로 어떻게 구성되어 있는가를 알 수 있도록 표현해 줍니다.

클래스 다이어그램

클래스 명
멤버변수 명
메소드 명

SimpleCharDisplay 클래스는 main이라는 이름의 메소드 (method)를 1개 가지고 있으나, 멤버변수(member variable)는 가지고 있지 않음을 나타내어줍니다.

※ 새빛(SEVIT)이 Java소스 코드에서 재생한 클래스 다이어그램은 위의 그림처럼 크게 3등분하는 형태로 구성되며, 위로부터 클래스 명, 멤버변수 명, 메소드 명의 순으로 표현해줍니다.

06

시퀀스 다이어그램

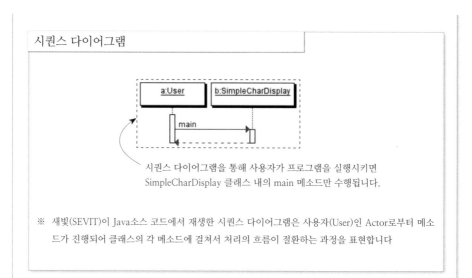

시퀀스 다이어그램을 통해 사용자가 프로그램을 실행시키면
SimpleCharDisplay 클래스 내의 main 메소드만 수행됩니다.

※ 새빛(SEVIT)이 Java소스 코드에서 재생한 시퀀스 다이어그램은 사용자(User)인 Actor로부터 메소
드가 진행되어 클래스의 각 메소드에 걸쳐서 처리의 흐름이 절환하는 과정을 표현합니다

▶ 실행화면

6.6 기본적인 Java 입출력 흐름

이제부터 기본적인 Java 입출력 흐름의 개념을 쏙(SOC)과 새빛(SEVIT)의 시스템 다이어그램, 클래스 다이어그램, 시퀀스 다이어그램을 사용하여 시각화된 형태로 설명해 나가기로 하겠습니다.

Java 예제 6.6.1   변수의 내용 출력하기

💻 프로그램

```java
class StandardInOutStream  {

  public static void main(String args[])  {
    int sum = 0;     // 정수형 변수 선언 및 초기화
    int a = 3;
    int b = 5;

    //.정수의 합 처리를 한다.
    {
      sum = a + b;
      System.out.println("a + b = " + sum);
    }
  }
}
```

💻 쏙(SOC)

```
class StandardInOutStream  {

◆public static void main(String args[])
  ┌ ·int sum = 0;     ※정수형 변수 선언 및 초기화
  │ ·int a = 3;
  │ ·int b = 5;
  │□정수의 합 처리를 한다.
  │   ┌ ·sum = a + b;
  │   │ ·System.out.println("a + b = " + sum);
  │   └
  └

}
```

🖥 새빛(SEVIT)

시스템 다이어그램

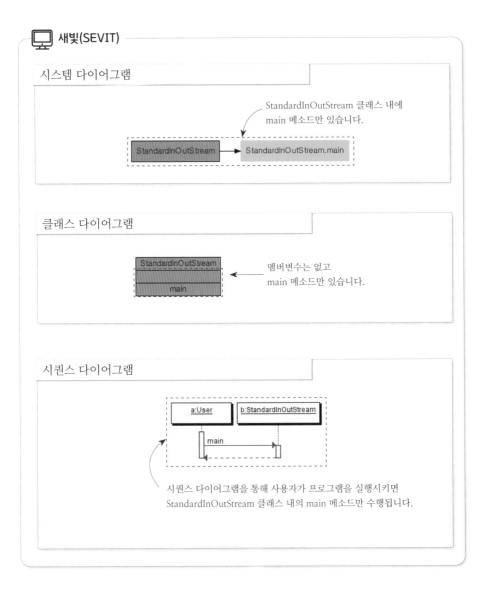

StandardInOutStream 클래스 내에
main 메소드만 있습니다.

StandardInOutStream → StandardInOutStream.main

클래스 다이어그램

StandardInOutStream

main

멤버변수는 없고
main 메소드만 있습니다.

시퀀스 다이어그램

a:User   b:StandardInOutStream

main

시퀀스 다이어그램을 통해 사용자가 프로그램을 실행시키면
StandardInOutStream 클래스 내의 main 메소드만 수행됩니다.

▶ 실행화면

```
C:\Windows\system32\cmd.exe
a + b = 8
계속하려면 아무 키나 누르십시오 . . .
```

Java에서는 표준입출력 흐름(Standard Input/Output stream)을 위해 System클래스(class)를 준비하고 있습니다.

즉, System.out.println("a + b = " + sum); 와 같은 문장은 System클래스 내의 out클래스 변수 속의 println() 메소드(method)라는 멤버(member)를 불러내어 문자열(文字列, string)의 출력을 행합니다.

표준 출력 흐름에 관한 System클래스 내의 클래스 변수로는 in, out, err 등이 있으며, 표준 입출력 메소드에는 InputStream클래스의 int read()와 PrintStream 클래스의 void println() 등을 준비하고 있습니다.

Java언어에서는 'Wn' 등의 제어문자(Escape sequence)도 사용하고, 프로그램 속에서 문자열(文字列, string)을 지정하는 경우에는 큰따옴표(double quotation mark, ")로, 프로그램 속에서 문자(文字, character)를 지정하는 경우에는 작은 따옴표(single quotation mark, ')로 감싸줍니다.

〈표6.6.1〉 Java에서 자주 쓰이는 제어문자 표

약어	제어문자	ASCII 코드	유니코드	비고
BS	Wb	0x08	Wu0008	Back Space
HT	Wt	0x09	Wu0009	Horizontal Tab
LF	Wn	0x0a	Wu000a	Line Feed
FF	Wf	0x0c	Wu000c	Form Feed
CR	Wr	0x0d	Wu000d	Carriage Return

출력을 행할 때에 문자열(string) 등과 변수(變數, variable)를 연결하여 출력할 필요가 생기는 경우에 Java에서는 '+'기호(code)의 지정을 통하여 연결합니다.

예를 들어 예제 6.6.2의 "나의 나이는"이라는 문자열(文字列, string)과 age라는 이름의 정수변수(integer variable)를 연결하여 출력하려고 하면, System.out.print("나의 나이는" + age); 와 같이 단순히 '+'기호(code)를 써서 연결하는 것만으로 문자열과 변수를 연결하여 출력합니다.

Java 예제 6.6.2　문자열, 정수 문자의 출력

🖥 **프로그램**

```java
class AgeDisplay {

  public static void main(String args[]) {
    int age = 23;        // 정수형 변수 선언 및 초기화

    //.나이를 출력한다.
    {
      System.out.print("나의 나이는 " + age);  // 문자열과 정수형변수 출력
      System.out.print("살입니다");            // 문자열 출력
      System.out.println('.');                 // 문자 출력
    }
  }
}
```

🖥 **쏙(SOC)**

```
class AgeDisplay {

◆public static void main(String args[])

  · int age = 23;          ※정수형 변수 선언 및 초기화
  □나이를 출력한다.

      · System.out.print("나의 나이는 " + age); ※문자열과 정수형변수 출력
      · System.out.print("살입니다");            ※문자열 출력
      · System.out.println('.');                 ※문자 출력


}
```

🖥 **새빛(SEVIT)**

시스템 다이어그램

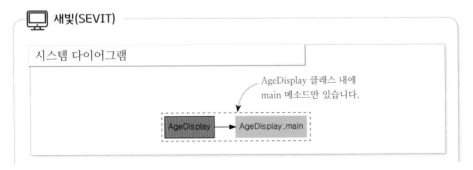

AgeDisplay 클래스 내에
main 메소드만 있습니다.

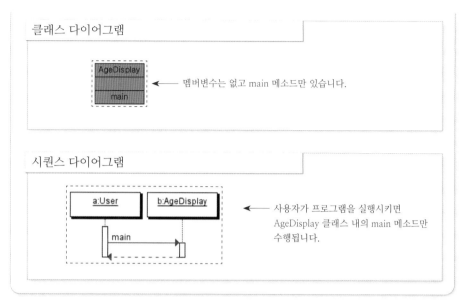

클래스 다이어그램

AgeDisplay
main

← 멤버변수는 없고 main 메소드만 있습니다.

시퀀스 다이어그램

a:User   b:AgeDisplay

main

← 사용자가 프로그램을 실행시키면 AgeDisplay 클래스 내의 main 메소드만 수행됩니다.

▶ 실행화면

C:\Windows\system32\cmd.exe

나의 나이는 23살입니다.
계속하려면 아무 키나 누르십시오 . . .

Java언어에 있어서 System.out.print(); 와 System.out.println(); 에 대해서는 이미 설명한 대로입니다.

예제 6.6.3은 Java언어의 표준입력 흐름(標準入力流, standard input stream)을 프로그래밍 한 것입니다.

Java 예제 6.6.3   정수의 표준 입출력

🖥 프로그램

```
class StandardInputStream  {

    public static void main(String args[]) throws Exception {
```

```
int age = 0;     // 정수형 변수 선언 및 초기화

//.나이를 입출력 처리한다.
{

  //.나이를 입력받는다.
  {
    System.out.print("나이를 입력해 주세요=");
    age = System.in.read();
  }//.입력받은 나이 값을 출력한다.
  {
    System.out.print("당신의 나이는 ");
    // 정수의 ASCII코드 출력
    System.out.println(age + "살입니다.");
  }
 }
 }
}
```

```
class StandardInputStream  {

◆public static void main(String args[]) throws Exception

 · int age = 0;     ※정수형 변수 선언 및 초기화
 □나이를 입출력 처리한다.

      □나이를 입력받는다.

          · System.out.print("나이를 입력해 주세요=");
          · age = System.in.read();

      □입력받은 나이 값을 출력한다.

          · System.out.print("당신의 나이는 ");
          ※정수의 ASCII코드 출력
          · System.out.println(age + "살입니다.");



 }
```

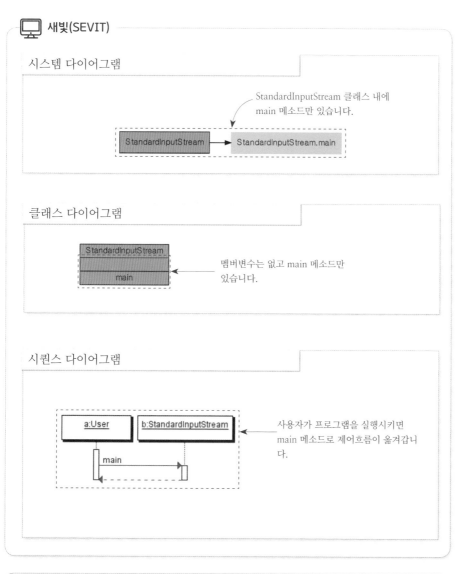

새빛(SEVIT)

시스템 다이어그램

StandardInputStream 클래스 내에 main 메소드만 있습니다.

StandardInputStream → StandardInputStream.main

클래스 다이어그램

StandardInputStream
main

멤버변수는 없고 main 메소드만 있습니다.

시퀀스 다이어그램

a:User   b:StandardInputStream

main

사용자가 프로그램을 실행시키면 main 메소드로 제어흐름이 옮겨갑니다.

▶ 실행화면

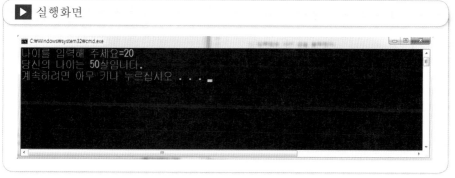

```
C:\Windows\system32\cmd.exe
나이를 입력해 주세요=20
당신의 나이는 50살입니다.
계속하려면 아무 키나 누르십시오 . . . ■
```

Java언어에서의 age = System.in. read();는 "표준입력 장치(standard input device) 즉, 통상은 키보드(keyboard)로부터 키(key)입력을 받아 age라는 이름의 정수변수(integer variable)로 집어넣으시오." 라는 뜻을 표시합니다.

하지만 결과는 조금 이상하게 나타납니다. 예를 들어 예제 6.6.3.의 Java 프로그램을 실행시킨 후 나이를 입력해 달라는 메시지에 20이라는 숫자를 입력하면 '당신의 나이는 50살입니다.'라는 메시지가 나타납니다.

왜 이런 예상하기 어려운 엉뚱한 현상이 일어나는 것일까요?

그 이유는 'age = System.in.read();'에서 콘솔(Console) 입력을 받을 때, ASCII코드 값 형태의 문자로 한 자만 입력을 받기 때문입니다. 따라서 20이라는 입력 숫자 중 앞의 2자에 대한 ASCII 코드 값인 50으로 인식하여 출력하였기 때문입니다.

하지만 걱정할 필요는 없습니다. Java에서는 예제 6.6.4와 같이 Scanner 클래스를 사용하면 콘솔에서의 정수 입력을 쉽게 처리할 수 있습니다.

Java 예제 6.6.4 정수의 개선 입출력

🖥 **프로그램**

```java
import java.util.Scanner;

 class UpgradedInputStream  {

 public static void main(String args[]) {
    int age = 0;        // 정수형 변수 선언 및 초기화
    // Scanner클래스로 scanner객체 생성
    Scanner scanner = new Scanner(System.in);

    //.나이를 입출력 처리한다.
    {

       //.나이를 입력받는다.
       {
          System.out.print("나이를 입력해 주세요=");
          age = scanner.nextInt();
       }

       //.입력받은 나이 값을 출력한다.
```

```
      {
        System.out.print("당신의 나이는 ");
        System.out.println(age + "살입니다.");
      }
    }
  }
}
```

🖥 쏙(SOC)

```
import java.util.Scanner;

class UpgradedInputStream  {

◆public static void main(String args[])

  · int age = 0;           ※정수형 변수 선언 및 초기화
  ※Scanner클래스로 scanner객체 생성
  · Scanner scanner = new Scanner(System.in);
  □나이를 입출력 처리한다.

        □나이를 입력받는다.

              · System.out.print("나이를 입력해 주세요=");
              · age = scanner.nextInt();

        □입력받은 나이 값을 출력한다.

              · System.out.print("당신의 나이는 ");
              · System.out.println(age + "살입니다.");




}
```

🖥 새빛(SEVIT)

시스템 다이어그램

UpgradedInputStream 클래스 내에
main 메소드만 있습니다.

UpgradedInputStream → UpgradedInputStream.main

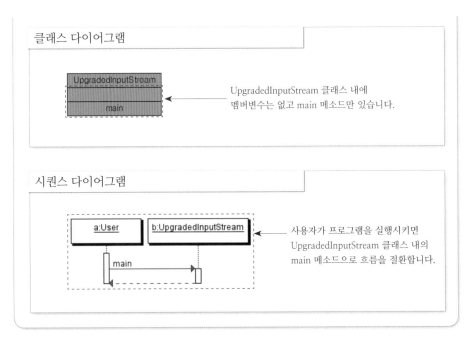

클래스 다이어그램

UpgradedInputStream
main

UpgradedInputStream 클래스 내에
멤버변수는 없고 main 메소드만 있습니다.

시퀀스 다이어그램

a:User   b:UpgradedInputStream

main

사용자가 프로그램을 실행시키면
UpgradedInputStream 클래스 내의
main 메소드로 흐름을 절환합니다.

▶ 실행화면

```
C:\Windows\system32\cmd.exe
나이를 입력해 주세요=20
당신의 나이는 20살입니다.
계속하려면 아무 키나 누르십시오 . . .
```

    Java언어가 등장한 초기에는 콘솔 입력처리에 있어서 어려움이 있었으나, Java 버전 5.0이 출시한 이후부터는 Scanner클래스가 등장하여 위의 예제처럼 간단하게 처리하는 것이 가능해졌습니다.

06

문자열의 증강된 입출력

🖥 프로그램

```java
import java.util.Scanner;

class StringInputStream  {

  public static void main(String args[]) {
    // Scanner클래스로 name객체 생성
    Scanner name = new Scanner(System.in);
    String inputName = "";

    //.이름의 입출력 처리를 한다.
    {

      //.이름을 입력 받는다.
      {
        System.out.print ("이름을 입력해 주세요=");
        inputName = name.next();
      }

      //.입력받은 이름을 출력한다.
      {
        System.out.print("당신의 이름은 ");
        System.out.println(inputName + "입니다.");
      }
    }
  }
}
```

🖥 쏙(SOC)

```
import java.util.Scanner;

class StringInputStream  {

◆public static void main(String args[])

  ※Scanner클래스로 name객체 생성
  · Scanner name = new Scanner(System.in);
  · String inputName = "";
  ①
```

①

```
    ☐이름의 입출력 처리를 한다.
        ☐이름을 입력 받는다.
            · System.out.print ("이름을 입력해 주세요-");
            · inputName = name.next();
        ☐입력받은 이름을 출력한다.
            · System.out.print("당신의 이름은 ");
            · System.out.println(inputName + "입니다.");



}
```

🖥 새빛(SEVIT)

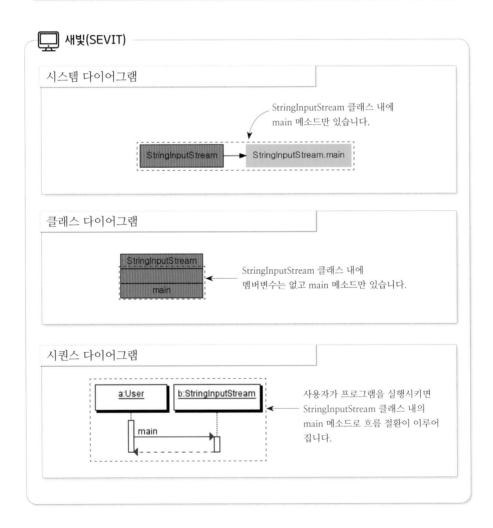

시스템 다이어그램

StringInputStream 클래스 내에
main 메소드만 있습니다.

StringInputStream → StringInputStream.main

클래스 다이어그램

StringInputStream

main

StringInputStream 클래스 내에
멤버변수는 없고 main 메소드만 있습니다.

시퀀스 다이어그램

a:User   b:StringInputStream

main

사용자가 프로그램을 실행시키면
StringInputStream 클래스 내의
main 메소드로 흐름 절환이 이루어
집니다.

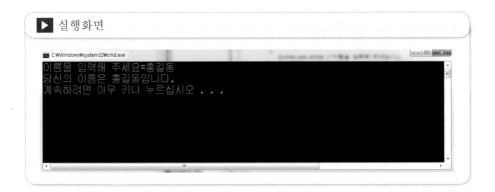

Java 버전 5.0부터는 Scanner 클래스를 사용하여 문자열도 손쉽게 입력 받을 수 있습니다.

그러기 위해서는 먼저 Scanner 클래스라는 형틀(template)을 가지고 아래와 같이 객체 영역을 확보해줌으로써 인스턴스(instance)로서의 객체를 선언해 줍니다.

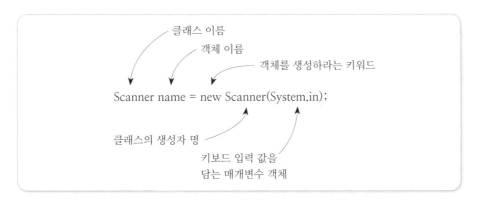

위의 문장은 Scanner라는 클래스 형틀을 가지고 name이라는 이름을 가진 객체를 만들어 냄에 있어서, Scanner 생성자에게 System.in 이라는 키보드 입력 값을 담는 객체를 매개변수(parameter)로 주어 초기 지시를 합니다.

Java에서는 기억영역을 동적(dynamic)으로 확보합니다.

일단 name이라는 객체를 생성하여 기억영역을 확보하면, 다음과 같이 String 형의 문자열 지역변수인 inputName을 선언한 후, name객체 내의 next() 메소드를 호출하여 문자열 입력을 받아 결과를 inputName에 담습니다. (자세한 내용은 이 책에서 차근차근 배웁니다.)

String inputName = name.next();

지금까지 계속 멤버변수, 지역변수 등의 용어가 계속 나오므로, 다음 절에서는 변수에 대해 정리를 해보기로 하겠습니다.

6.7 유효범위에 따른 변수의 구분

C언어와 같은 절차지향의 언어에서는 변수를 크게 지역 변수(local variable)와 전역 변수(global variable)로 구분합니다.

〈표6.7.1〉 절차지향 언어의 변수

구 분	내 용
지역 변수	• 함수의 내부에서 선언 • 함수의 내부에서만 유효
전역 변수	• 함수의 외부에서 선언 • 선언 이후의 모든 함수에서 유효

절차지향 언어의 프로그램에서 함수의 실행 시에 스택(stack)을 이용하여 기억 영역을 확보하고 나면 함수의 실행완료 시에 자동적으로 제거하는 자동변수(auto variable)가 있는데 이 변수를 지역 변수라고 합니다.

반면에 한번 기억영역을 확보하면 프로그램의 실행완료 시까지 제거하지 않는 정적 변수(static variable)가 있는데 이 변수를 전역 변수라고 합니다.

절차지향 언어의 대표적인 C언어에서는 이 전역 변수 때문에 유지보수(maintenance)가 어려웠습니다.

전역 변수의 문제를 해결하기 위해 Java, C++과 같은 객체지향 언어에서는 정보저장소(information storage)로 지역 변수(local variable)를 적극적으로 채용하고 있습니다.

지역 변수는 정보저장소(information storage)인 변수영역(variable area)에 어느 절차(procedure)도 마음대로 접근할 수 없도록 외부에 대해 은폐되어 있는 변수입니다.

그것은 마치 은행의 금고를 은행 외부에 대해 은폐하고 있는 것과 같습니다.

은행의 금고를 외부에 대해 은폐시키고, 책임 있는 은행원에게 내부의 금고관리를 시키면서, 고객들이 입출금을 원할 때는 책임 있는 은행원을 통하여 입출금을 행하도록 하면 어떨까요?

당연히 은행금고의 관리를 충실히 할 수 있어, 예금액을 분실하거나 차이가 발생할 경우에도 책임소재를 분명히 할 수 있어, 은행관리에 걸리는 시간과 노력을 줄일 수 있습니다.

이처럼 객체지향 언어에서는 지역 변수(地域變數)의 사용을 통하여 문제를 국소화(局所化, localize)하여 지방자치(site autonomy)적으로 해결하고 있습니다.

그렇게 함으로써 소프트웨어(software)의 유지보수성(maintainability)을 더욱 향상시킬 수가 있는 것입니다.

06

110

그렇다면 전역 변수(global variable)를 객체지향 언어에서는 전혀 사용할 수 없는가 하는 소박한 의문이 생깁니다. 실제로 C++에서는 전역 변수의 사용이 가능하지만, Java에서는 전역 변수를 지원하지 않습니다.

Java에서의 「지원 않음(no support)」이라는 말은 사용자가 원해도 사용할 수 없다는 것을 뜻합니다. Java는 모두가 클래스(class)를 가지고 객체를 만든 후 객체를 중심으로 하여 지방자치적으로 문제를 해결하는 언어이므로, 이곳에 전역 변수가 들어갈 가능성을 사전에 봉쇄하는 것을 원칙으로 합니다. 그럼에도 불구하고 전역변수가 필요하다면 클래스 변수를 사용하면 됩니다.

Java에서는 생각할 수 있는 변수를 크게 구분하면 다음과 같이 3가지 변수를 생각할 수 있습니다.

〈표6.7.2〉 Java에서 지원하는 변수

변수의 종류	내 용
클래스 변수 (class variable)	클래스(class)를 중심으로 클래스 형틀이 생성하는 모든 인스턴스(instance)인 객체(object)에 영향을 미치는 변수
멤버 변수 (member variable)	클래스의 메소드(method)의 바깥에서 선언되며, 클래스 형틀이 생성하는 각 객체(인스턴스)별로 독립적으로 영향을 미치는 변수로서 인스턴스 변수(instance variable) 또는 객체 변수(object variable) 라고도 함
지역 변수 (local variable)	클래스의 메소드(method)의 내부에서 선언되며, 메소드 내의 중괄호 내부로 유효범위(scope)가 한정되는 변수

지역변수와 멤버변수의 예를 들어서 설명하면 예제 6.7.1과 같습니다.

Java 예제 6.7.1   지역변수와 멤버변수의 예

🖥 프로그램

```
class Boongeo {

  int sellPrice;  ← 멤버변수

  public static void main(String args[]) {
    Boongeo boongeo = new Boongeo();     // Boongeo클래스로 boongeo객체 생성

    //.붕어빵의 판매가격 처리를 한다.
    {
      boongeo.calcPrice(3, 300);
```

```
        }
    }
                         지역변수
    void calcPrice(int n, int price) {
    //.판매가격을 계산한다.
        {
            sellPrice = n * price;
            System.out.println(sellPrice);
        }
    }
}
```

🖥 쏙(SOC)

```
class Boongeo {

int sellPrice;

◆public static void main(String args[])

   · Boongeo boongeo = new Boongeo();    ※Boongeo클래스로 boongeo객체 생성
   □붕어빵의 판매가격 처리를 한다.

         ■boongeo.calcPrice(3, 300);


◆void calcPrice(int n, int price)

   □판매가격을 계산한다.

         · sellPrice = n * price;
         · System.out.println(sellPrice);



}
```

🖥 새빛(SEVIT)

시스템 다이어그램

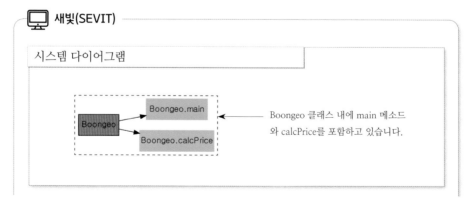

Boongeo 클래스 내에 main 메소드
와 calcPrice를 포함하고 있습니다.

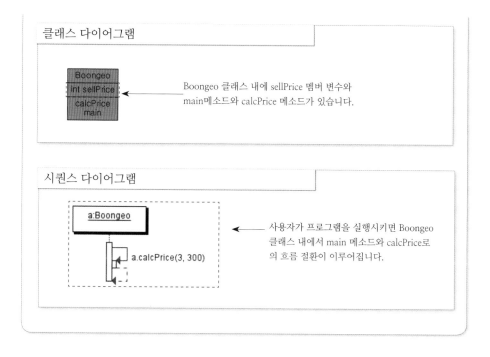

클래스 다이어그램

Boongeo
int sellPrice
calcPrice
main

Boongeo 클래스 내에 sellPrice 멤버 변수와
main메소드와 calcPrice 메소드가 있습니다.

시퀀스 다이어그램

a:Boongeo

a.calcPrice(3, 300)

사용자가 프로그램을 실행시키면 Boongeo
클래스 내에서 main 메소드와 calcPrice로
의 흐름 절환이 이루어집니다.

▶ 실행화면

```
C:\Windows\system32\cmd.exe
900
계속하려면 아무 키나 누르십시오 . . .
```

위의 예제6.7.1에서 sellPrice는 멤버 변수(인스턴스 변수, 객체 변수)로서 메소드의 바깥에서
선언이 이루어지며 클래스 내의 전 영역에 걸쳐서 유효합니다. 따라서 sellPrice는 전역 변수의
일종에 해당합니다.

하지만 clacPrice 메소드 내의 인수인 변수 n과 price는 clacPrice 메소드 내에서만 유효합니다.
따라서 변수 n과 price는 지역 변수의 일종으로 볼 수 있습니다.

그런데, 클래스 변수(Class Variable)라는 개념도 있는데, 이것은 도대체 무엇을 뜻하는지 궁
금해하시는 독자분도 계실 것같습니다.

클래스 변수에 대해서는 참고사항에서 다루기로 하겠습니다.

▶ 참 고

Java에서 변수를 사용할 때는 객체 변수(Object Variable)라는 용어를 인스턴스 변수(Instance Variable) 또는 멤버 변수(Member Variable)라는 용어와 혼용하여 사용하는 것이 일반적입니다. 그렇기 때문에 객체 변수, 인스턴스 변수, 멤버 변수는 각각 다르게 호칭을 하더라도 결국 같은 의미로 이해하시는 것이 중요합니다.

그러나 어떤 경우에 클래스 변수(Class Variable)라는 용어를 사용할 때가 있습니다. 자칫 이것도 객체 변수와 같은 것으로 혼동할 수 있는데, 클래스 변수는 객체 변수와 비슷한 것 같으면서도 상당히 다릅니다.

사실 이 부분이 가장 혼동을 일으키는 부분 중에 하나이기 때문에 좀 더 기술적으로 상세하게 설명드리겠습니다.

Java의 클래스 내에서 객체 변수(인스턴스 변수, 멤버 변수) 영역(클래스 내 이지만 메소드 바깥의 영역)에서 선언하는 변수를 static으로 선언하는 경우가 있습니다. 예를 들어서 아래와 같이 static으로선언하는 경우입니다.

public static int regNum;

Java에서는 원칙적으로 컴파일 하여 클래스 파일을 만든 이후에는, 실행 시 JVM(Java Virtual Machine)이 클래스 파일을 읽어들여서 번역(Translation)을 한 후 수행합니다. 이 경우 객체변수(인스턴스 변수, 멤버 변수)는 프로그램 실행 도중에 객체를 생성해야만 메모리 공간을 확보하여 사용할 수 있습니다. 그러나 위와 같이 static으로 선언한 변수에 대해서는 JVM이 클래스 파일을 읽어들일 때 바로 메모리를 확보하여 상주시킵니다. 일단 메모리를 확보하여 상주한 변수는 프로그램의 실행이 종료할 때까지 해제시킬 수 없으며 계속 붙박이로 메모리에 상주하면서 데이터를 담습니다.

이처럼 클래스 파일을 적재할 때 메모리를 확보한 클래스 변수는 Java 프로그램이 실행 작업을 수행하는 도중에 객체를 생성하지 않더라도 사용할 수 있습니다. 이 경우에는 객체를 지정하지 않고 클래스 이름만을 지정하여 바로 사용하는 것이 가능합니다. 그렇기 때문에 static으로 선언한 변수를 우리는 클래스 변수라고 부릅니다. 물론 static 성질을 가진 클래스 변수로 선언하기만 하면, 객체를 생성한 후에 객체를 지정하여 데이터 처리를 해주는 것도 당연히 가능합니다.

클래스 변수는 객체의 생성과 상관 없이 메모리 확보 주소를 일관성 있게 유지하기 때문에, 어떠한 객체에서도 사용이 가능합니다. 그런 이유로, 클래스 변수는 구조적 프로그래밍의 전역 변수와 같은 역할을 합니다. 객체지향 언어의 탄생 목적의 하나가 전역 변수 사용상의 문제점을 해결하기 위한 것도 있습니다. 따라서, 객체지향의 개념 익히기가 목적인 본 서에서는 이 정도의 설명으로 갈음하겠습니다.

06

114

연습문제

6-01 실제 사회에서 클래스 개념으로 설명할 수 있는 사례를 그림, 사진 또는 동영상의 형태로 3가지만 조사한 후 적합성을 토론해 보세요.

6-02 캡슐화를 가장 잘 설명할 수 있는 사례를 그림, 사진 또는 동영상의 형태로 3가지만 들고 각각의 내역을 설명해 보세요.

6-03 정보은폐를 실현한 사례를 그림, 사진 또는 동영상의 형태로 3가지만 들고 각각의 내역을 설명해 보세요.

06

6-04 본 서에서 설명하는 Java 표준입출력 흐름(Standard Input/Output stream)의 사례를 간단한 설계와 코딩을 융합한 새틀(SETL)을 활용한 시각화 Java 프로그램으로 작성하여 제시해 보세요.

6-05 Java에서 멤버 변수와 지역 변수를 사용하여 시각화 Java 프로그래밍을 수행한 후 실행 결과를 제시해 보세요.

07

추상화와 상태

7.1 추상화의 첫걸음

추상화(抽象化, abstraction)

복잡한 사물 속에서 중요한 측면만을 부각시켜 표현하는 것

인간은 눈에 보이는 사물(事物, thing), 즉 객체(客體, object)들을 요약하고 단순화시켜 파악하는 선천적인 능력을 가지고 있습니다.

이러한 능력을 추상화능력(抽象化能力, abstraction ability)이라고 합니다.

사물(객체)의 특징만을 추출할 수 있다는 것은 인간이 어떠한 복잡한 실 세계의 사물을 대할 때, 최소한의 뇌의 기억용량만으로도 자연스럽게 대상을 인식할 수 있다는 것을 뜻하는 것입니다.

인간은 추상화를 통해 실 세계의 사물을 대할 때 주목하고자 하는 부분을 명확화할 수 있습니다.

추상화를 통해 사물의 표현에 있어서 안정적인 모델(model)을 구축할 수 있습니다.

(그림7.1.1) 추상화(abstraction)

특징추출

객체지향(客體指向) 설계를 논할 때 강력한 설계부품으로 「구조화 객체 부품」이라는 공식 명칭과 쏙(SOC : Structured Object Component)이라는 약식명칭을 가진 설계도를 떠올릴 수 있습니다.

이 설계도로 Java 프로그램의 제어구조를 완벽하게 표현할 수 있는데, Java 프로그램은 정상적인 상황에서 9가지 제어구조, 비상적인 상황에서 1가지 제어구조 등 아래와 같이 총 10가지 제어구조를 가지고 있습니다. 이상계도 있지만 이것은 별도로 설명하겠습니다.

(그림7.1.2) 쏙(SOC)의 제어구조부품

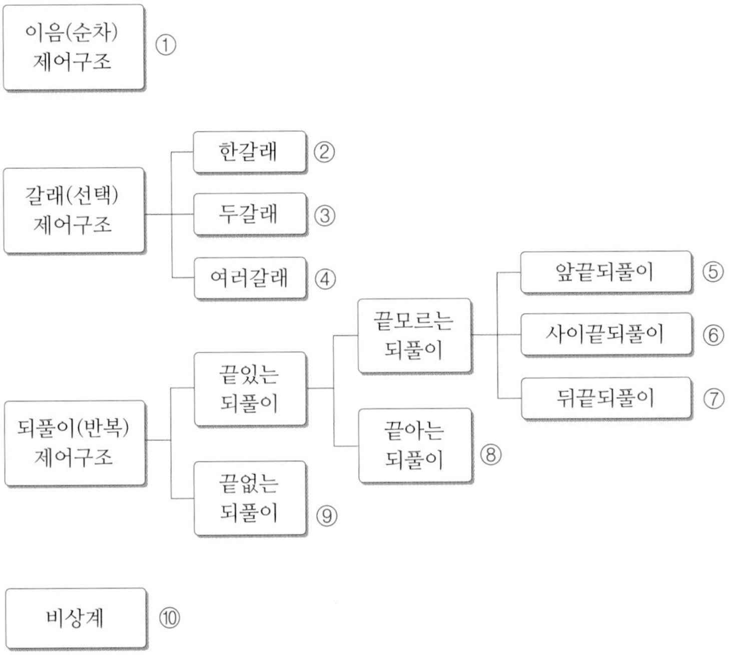

Java 프로그램의 제어구조(制御構造)를 설계도(設計圖, design diagram)로 표현하면 어떤 점이 좋을까요?

첫째, Java 프로그램의 목적(目的)과 수단(手段)관계를 명확하게 할 수 있습니다.
둘째, Java 프로그램의 제어구조(制御構造)를 한눈에 파악할 수 있습니다.
셋째, Java 프로그램의 유지보수를 쉽게 할 수 있습니다.

이처럼 코드(code) 형태로 분산하여 존재하던 제어구조를 통합하여 시각적으로 설계도형화 하는 방법을 안다는 것은 아주 중요합니다.
이러한 작업도 추상화작업에 해당하는 것입니다.

(그림7.1.3) 쏙(SOC)의 정상계 제어구조부품

① 이음

□이음구조 목적
· 처리1
· 처리2

② 한갈래

△선택구조 목적
◇(선택조건)
T · 처리

③ 두갈래

△선택구조의 목적
◇(선택조건1)
T · 처리1
◇(선택조건2)
T · 처리2

④ 여러갈래

△선택구조의 목적
◇(선택조건1)
T · 처리1
◇(선택조건2)
T · 처리2
◇(선택조건3)
T · 처리3

⑤ 앞끝되풀이

○되풀이 구조의 목적
T─◇(구조탈출조건 검사)
· 처리

⑥ 사이끝되풀이

○되풀이 구조의 목적
· 처리1
T─◇(구조탈출조건 검사)
· 처리2

⑦ 뒤끝되풀이

○되풀이 구조의 목적
· 처리
T─◇(구조탈출조건 검사)

⑧ 끝없는되풀이

○되풀이 구조의 목적
· 처리1
· 처리n

⑨ 끝아는되풀이

○되풀이 구조의 목적
◇(초기화, 반복조건, 증감값)
· 처리

쏙(SOC)으로 설계한 상태에서 파악하는 것이 코드(code) 상태에서 파악하는 것보다 왜 훨씬 쉬울까요?

Java의 메소드(method) 내에서의 제어구조 코드의 예를 한가지 들어보기로 하겠습니다.

(그림7.1.4) Java 두갈래 제어구조 코드에 대한 쏙 설계 사례

```
if (num==0)
{
    System.out.println("Number is zero.");
}
else
{
    System.out.println("Number is not zero.");
}
```

🖵 쏙(SOC)

```
│△숫자가 0인지 점검
│  ◇(num==0)
│  ┌──┐
│  │ T │ ·System.out.println("Number is zero.");
│  ├──┤
│  │ ◇ │
│  ├──┤
│  │ T │ ·System.out.println("Number is not zero.");
│  └──┘
```

위의 예제에서와 같이 쏙(SOC)으로 설계하면, 코드(code) 상태에서 분산하여 존재하는 것을 제어구조로 통합하여 추상화하기 때문에 파악이 훨씬 쉬워집니다.

바로 제어추상화의 힘입니다.

7.2 절차지향의 추상화

절차지향의 추상화

자료 추상화(資料抽象化, data abstraction)만 가능

절차지향 언어에서는 피동적인 멤버 변수(member variable)만을 모아서 구조체(構造體, struct)로 추상화(抽象化, abstraction)시키는 「자료 추상화(資料抽象化, data abstraction)」가 중심이 되어 추상화 작업을 행합니다.

즉, 「구조체(構造體, struct)」는 실 세계(real world)의 사물을 추상화시킴에 있어서, 피동적 자료(被動的 資料, passive data) 중심의 부분 추상화이며, 복잡도 제어가 부분적으로만 가능합니다.

이것은 인간의 추상화파악에 있어서, 인간의 내장만 추상화시키고 인간 전체를 통제하는 신경계라든가 생명 현상을 추상화시키지 않는 것과 마찬가지입니다.

(그림7.2.1) 절차지향 C언어에서의 추상화

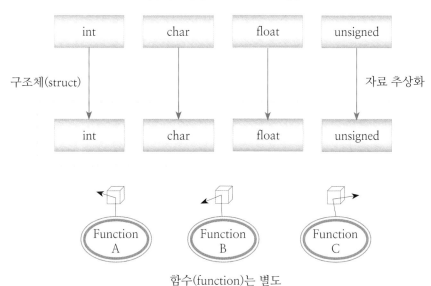

함수(function)는 별도

7.3 객체지향의 추상화

> **객체지향의 추상화**
>
> 자료 추상화(資料抽象化, data abstraction)와 함수 추상화(函數抽象化, method abstraction)가 모두 가능

    Java언어와 같은 객체지향 언어에서는 피동적인 멤버 변수(member variable)를 모아서 추상화시키는 「자료 추상화(資料抽象化, data abstraction)」와 메소드(method)를 모아서 추상화시키는 「함수 추상화(函數抽象化, method abstraction)」를 복합적으로 진행하여 추상화 작업을 수행합니다.

    즉, 「클래스(class)」는 객체지향에서 실 세계의 사물을 추상화시킴에 있어서 피동적 멤버변수와 능동적 메소드(method)를 복합적으로 추상화시킴으로써, 복잡도(複雜度, complexity)의 제어에 있어서 절차지향의 C언어보다 훨씬 유리한 입장에 설 수 있습니다.

(그림7.3.1) Java언어에서의 추상화

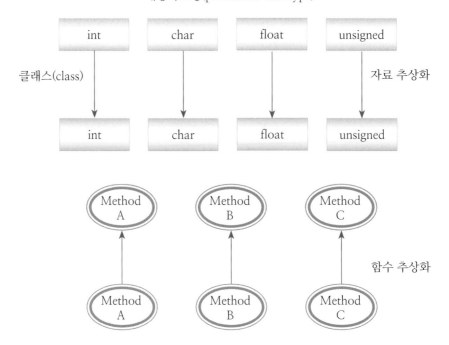

07

아래의 표와 같은 기본자료형은 Java에서 클래스 내의 멤버변수로 포함되거나, 테이블 내의 컬럼(Column) 데이터로 포함되는 형태의 결합을 통해서 자료 추상화를 도모합니다.

〈표7.3.1〉Java의 기본자료형

자료형	자료크기 (bit)	자료범위
boolean	1	true 또는 false
byte	8	−128 ~ +127
char	16	Unicode 문자
short	16	−32768 ~ +32727
int	32	−2147483648 ~ +2147483647
long	64	−9223372036854775808 ~ +9223372036854775807
float	32	∓3.40282347E+38 ~ ∓1.40239846E−45
double	64	∓1.79769313486231570E+308 ~ ∓4.94065645841246544E−324

Java 언어에서의 추상화(抽象化, abstraction)는 크게 자료 추상화, 함수 추상화, 제어 추상화의 3가지 측면에서 생각할 수 있습니다.

이들을 클래스로 통합하면, 클래스 모듈 형태의 모듈 추상화로 정리할 수 있습니다.

(그림7.3.2) 모듈 추상화 방법

제어 추상화(制御抽象化)와 함수 추상화는 구조화 객체 부품(Structured Object Component, 일명 쏙(SOC))을 이용하면, 아주 간단하게 구현할 수 있습니다.

쏙(SOC)을 이용하면 모듈 내에서 메소드 별로 설계된 로직(Logic) 흐름을 시각화하여 보는 것이 가능합니다.

경우에 따라 기존 객체(客體, object)와 유사한 새로운 객체를 만들어주어야 할 필요가 있습니다. 이 때 제일 좋은 방법으로 얼핏 생각나는 것이, 기존의 객체를 약간 수정하면 어떨까 하는 것입니다.

하지만 기존의 객체를 약간 개량한 객체를 만들어 내기 위해 기존 객체를 수정하는 것은 허용하지 않습니다. 왜냐하면 이미 제조한 일반 버스를 망치로 뜯어고쳐서 2층 버스로 만들려고 하면 일반 버스가 부서지기 때문입니다.

기존의 객체를 약간 개량하여 새로운 객체를 만들어 내기 위해서는 기존에 이미 클래스 형틀을 가지고 인스턴스(instance)로 만든 객체를 수정하는 것이 아닙니다.

기존의 객체를 만들어내는 객체 제조장치 형틀인 기존의 클래스를 먼저 개량한 뒤에, 개량한 새로운 클래스를 통해서 새로운 객체를 제조하는 것이 가능합니다.

일단 클래스 형틀을 만들어내기만 하면, 언제라도 약간의 변경을 통해서 형틀의 특성을 진화시켜 새로운 객체를 제조하는 것은 개발자가 어떻게 아이디어를 발전시키는가에 달려있습니다.

> **수정 객체제조(making modified object)**
>
> 기존의 클래스 형틀을 개량하여 맞춤형으로 수정한 객체 제조

(그림7.3.3) 클래스와 객체의 수정

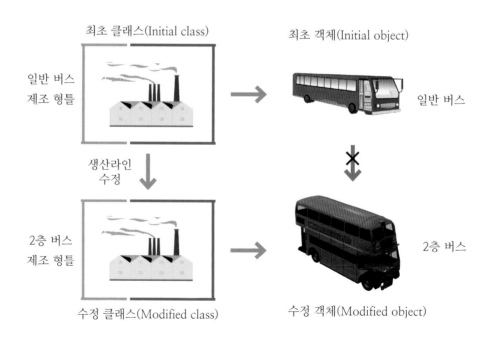

이상과 같은 추상화(抽象化, abstraction)에 관한 개념을 염두에 두고 프로그램을 바라본다면, 절차지향과 객체지향은 프로그램을 보는 시각에 있어서 상당한 차이가 있다는 것을 알 수 있습니다.

C언어와 같은 절차지향 언어에서는 프로그램을 일련의 절차적으로 연결하는 함수(function)와 자료(data)의 결합으로 구성하는 것으로 보았습니다.

하지만 Java와 같은 객체지향 언어에서는 메소드(method)와 자료의 결합으로 구성하는 것을 객체(object, instance)로 보고, 객체와 객체가 서로 관계를 맺어서 프로그램을 형성하는 것으로 봅니다.

(그림7.3.4) POP(Procedure Oriented Programming)의 시각

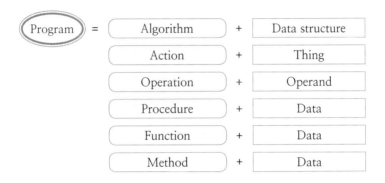

(그림7.3.5) OOP(Object Oriented Programming)의 시각

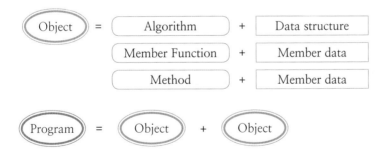

이것은 중요한 발전입니다. 왜냐하면, 절차지향에서는 프로그램의 내용을 메인 메소드(main function)를 중심으로 중앙집중방식(中央集中方式)으로 처리하는 형태로 구성할 수밖에 없었으나, 객체지향에서는 객체(客體, object)를 중심으로 분산처리방식(分散處理方式)으로 처리하는 형태로 구성할 수 있다는 것을 뜻합니다.

분산된 지역간에는 통신수단이 필요합니다. 따라서, 객체간의 메시지(message)를 이용한 통신(通信)이 중요합니다.

7.4 메시지(message)

메시지(message)

외부환경과 객체와의 교신 수단

메시지(message)는 외부환경에 대해 내부를 각각 블랙박스(black box)로 정보은폐(情報隱蔽, information hiding)한 객체(客體, object) 간의 통신수단으로 사용합니다.

즉, 메시지(message)란 객체(客體, object)에게 일을 시키기 위해 객체의 바깥으로부터 전달받는 명령(命令, order)과 이에 대한 응답(應答, reply)에 해당됩니다.

이때, 객체(客體, object=instance)에 대해 메시지(message)를 보내는 측은 송신객체(送信客體, sending object)로서 고객(顧客, client)의 입장에 섭니다.

또한, 해당 메시지(message)를 받아서 처리하여 응답해주는 객체(客體)는 수신객체(受信客體, receiving object)로서 봉사자(奉仕者, server)의 입장에 섭니다.

(그림7.4.1) 송신객체와 수신객체 간의 메시지 전달

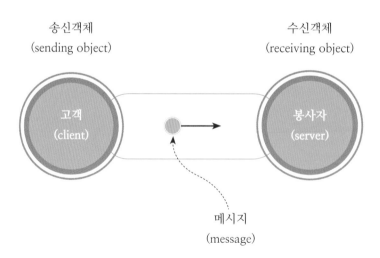

07

각 객체간에 서로 어떠한 작업을 요구할 필요가 발생할 경우에는, 이와 같이 메시지(message)를 서로 주고 받는 방법을 통해서 객체(客體) 상호간에 교신(交信, correspondence)을 행할 수 있습니다.

이러한 방법은 사회시스템의 측면에서 인간들이 서로 대화를 통해서 의사를 전달하는 것과 마찬가지라고 볼 수 있습니다.

유기체시스템의 측면에서 보더라도 인체의 내부에서 각 세포(細胞, cell)간의 통신에 신경전달물질이 메시지(message) 역할을 하는 것과 같은 원리입니다.

(그림7.4.2) 객체 간의 메시지 전달 과정

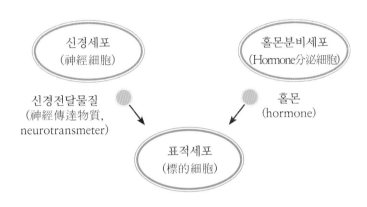

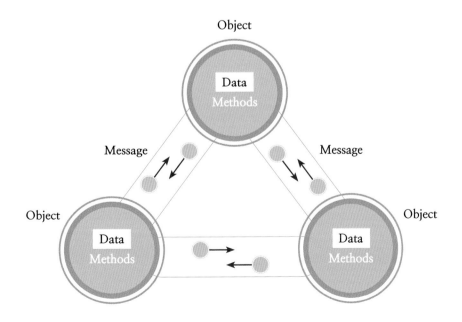

객체이름. 메소드 이름(전달내용)

Java 예제 7.4.1 메시지 사용

💻 **프로그램**

```java
class NumberCountTest  {

  public static void main(String args[]) {
    Counter yoonhoo = new Counter();  // Counter클래스로 yoonhoo객체 생성

    //.정수를 카운트 처리한다.
    {
      yoonhoo.setNumber(1);  // 카운터의 초기값 설정
      yoonhoo.countNumber();  // 카운트 처리
    }
                    └ 메시지
  }
}


class Counter  {

  private int cnt;    ← 정보 은폐된 클래스 변수

  public void setNumber(int num)  {

    //.카운터의 초기값을 설정한다.
    {
      cnt = num;  // 인수 num으로 cnt변수 초기화
    }
  }
                                        정보 공개된 메소드

  public void countNumber()  {

    //.카운트 처리를 한다.
```

```
        {
            cnt = cnt+1;              // cnt를 1만큼 증가
            System.out.println(cnt);   // 증가시킨 cnt값 출력
        }
    }
}
```

🖥 쏙(SOC)

```
class NumberCountTest  {

◆public static void main(String args[])

  │ ·Counter yoonhoo = new Counter();  ※Counter클래스로 yoonhoo객체 생성
  └□정수를 카운트 처리한다.

          ■yoonhoo.setNumber(1);  ※카운터의 초기값 설정
          ■yoonhoo.countNumber();  ※카운트 처리



}
class Counter  {

private int cnt;

◆public void setNumber(int num)

  └□카운터의 초기값을 설정한다.

          ·cnt = num;  ※인수 num으로 cnt변수 초기화



◆public void countNumber()

  └□카운트 처리를 한다.

          ·cnt = cnt+1;                  ※cnt를 1만큼 증가
          ·System.out.println(cnt);  ※증가시킨 cnt값 출력



}
```

07

예제 7.4.1의 Java프로그램 내용은 메시지(message)의 사용 예를 나타낸 것입니다.

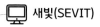 새빛(SEVIT)

시스템 다이어그램

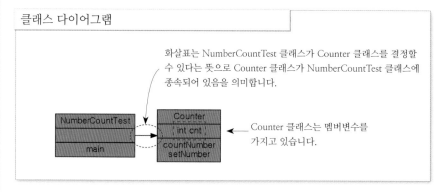

이 SW시스템은 NumberCountTest와 Counter의 2개의 클래스로 구성
되며, NumberCountTest 클래스는 main 메소드 1개, Counter 클래스는
setNumber와 countNumber 메소드 등 2개의 메소드를 가지고 있습니다.

클래스 다이어그램

화살표는 NumberCountTest 클래스가 Counter 클래스를 결정할
수 있다는 뜻으로 Counter 클래스가 NumberCountTest 클래스에
종속되어 있음을 의미합니다.

Counter 클래스는 멤버변수를
가지고 있습니다.

시퀀스 다이어그램

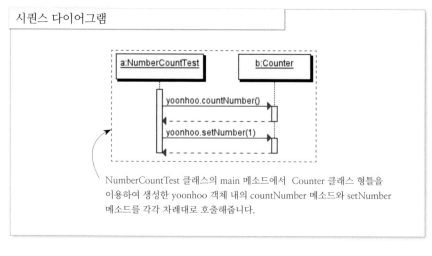

NumberCountTest 클래스의 main 메소드에서 Counter 클래스 형틀을
이용하여 생성한 yoonhoo 객체 내의 countNumber 메소드와 setNumber
메소드를 각각 차례대로 호출해줍니다.

Java언어에서 메시지(message)를 나타내려고 한다면, 클래스 형틀(class template)로 제조한 인스턴스(instance)인 객체 이름(object name)과 메소드 이름(method name = member function name)을 1개의 마침표(.)로 연결하여 작성해두고, 그 옆의 소괄호 속에 전송하려고 하는 메시지(message)를 전달내용으로 기입합니다.

예를 든다면, yoonhoo.setNumber(1);와 같이 메시지(message)를 나타내 주면, yoonhoo라는 객체(客體, object=instance)에게 "윤후씨 숫자 1을 설정해주세요."라는 메시지(message)를 보냅니다.

그렇게 하면, yoonhoo라는 객체 내부의 정보 공개된 영역에 있는 setNumber() 라는 메소드(method)는 메시지(message) 내부의 전달내용인 숫자 1을 가지고, cnt라는 외부에 대해서 정보은폐(情報隱蔽, information hiding, private) 된 창고에 1을 넣어 설정합니다.

또한, yoonhoo.countNumber();와 같이 메시지를 나타내면, yoonhoo라는 객체(客體, object=instance)에게 "윤후씨 숫자를 세어주세요."라는 메시지(message)를 보낼 수 있습니다.

그러면, yoonhoo라는 객체 내부의 정보공개(情報公開, public) 된 countNumber() 라는 메소드(method = member function)는 cnt라는 외부에 대해서 정보은폐(情報隱蔽, information hiding, private)한 창고에 들어있던 숫자를 2로 증가시켜 보관하고 나서, cnt창고의 숫자 2를 꺼내서 모니터(moniter) 화면에 나타냅니다.

(그림7.4.3) 실제 메시지 사용 사례

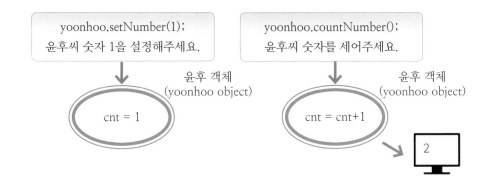

이와 같이 객체(object)의 단순 호출만으로 객체(客體, object = instance)가 모든 것을 스스로 처리할 수 있으며, 송신 메시지(sending message)가 필요 없는 경우에는 소괄호 속에 아무것도 기입하지 않습니다.

메시지(message)는 반드시 대상 객체 내의 정보 공개한 영역을 통해서 보내야 하며, 정보 은폐한 멤버변수(member variable)나 정보 은폐한 메소드(method)로의 직접 접근을 허용하지는 않습니다.

(그림7.4.4) 객체에의 정보 접근

외부로부터 특정 객체(Specific object) 속에 접근할 때에는 반드시 외부에 대해 공개한 퍼브릭 인터페이스(public interface area)를 통해야만 합니다.

" 나를 통하지 않곤 어림없지! "

객체는 하나의 시스템이라고 볼 수 있습니다.

시스템은 내부에 멤버(member)를 가지고 있으며, 목적지향적으로 움직입니다. 작은 시스템들을 목적성을 가지고 통합하면, 보다 큰 시스템으로 추상화 할 수 있습니다. 또한 큰 시스템을 분할하여 보다 작은 시스템들로 구체화 할 수 있습니다.

큰 규모의 객체가 서로 대화를 통하여 상호작용(interaction)을 하는 것과 같이, 큰 규모의 객체 내부의 멤버(member)에 해당하는 작은 객체도 서로 대화를 통하여 정보를 주고받으면서 상호작용(相互作用, interaction)을 하고 있는 것입니다.

(그림7.4.5) 시스템 간의 상호작용

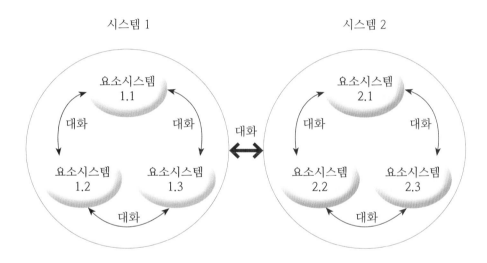

이처럼 객체 내부의 메소드(method)가 외부의 다른 객체와 메시지(message)를 주고받으며 각 객체간에 자유롭게 상호영향을 주고받으면서, 상호작용(interaction)을 할 수 있도록 구성한 시스템을 개방시스템(open system)이라고 부릅니다.

개방시스템(open system)은 환경의 영향을 긴밀하게 받으며, 외부(外部)로부터 받은 메시지(message)에 대해서 내부로부터 상태(狀態, state)라는 형태로 반응(反應, reaction)합니다.

메시지 표현 예를 4개만 들어서 설명하겠습니다. 단, 수신 측 클래스의 이름은 「string」이라고 합니다.

one.assign("My name is Nam-Miyoung.");

〈풀이〉 string 클래스 형(class type) 객체 one의 메소드인 assign에게 "My name is Nam-Miyoung." 이라는 메시지(message)를 보내시오.

two.assign(three);

〈풀이〉 string 클래스 형(class type) 객체 two의 메소드인 assign에게 three라는 변수의 내용물과 함께 메시지(message)를 보내시오.

len1 = one.length();

〈풀이〉 string 클래스 형(class type) 객체 one의 메소드인 length에게 스스로 작업하라는 메시지를 보내고 나서 one객체로부터의 응답 메시지를 len1 변수에 넣어주시오

one.print();

〈풀이〉 string 클래스 형(class type) 객체(客體, object) one의 메소드(method)인 print에게 스스로 작업하라는 메시지를 보내시오.

메시지(message)는 이처럼 객체(object, instance)의 대응행동을 유발하여 객체상태(object state)를 변화시킵니다.

〈 컴퓨터를 싫어했던 사나이 〉

7.5 상태란 무엇인가?

상태(狀態, state)

객체 자체의 속성(屬性, attribute)과 객체 바깥으로부터 전달받는 메시지(message)에 대한 대응 행동(behavior) 속성

모든 객체는 상태(狀態, state)를 가지고 있습니다.
이 상태는 객체 내부의 속성값과 외부에서 전달받은 메시지(message)에 따라 차이가 납니다.

예를 들어, 카세트라디오(cassette radio)에게 있어서 AM수신기 객체의 상태는 AM수신기의 전원이 켜져 있는 ON상태에서 채널(channel)을 맞추면 원하는 채널의 진폭변조(AM : Amplitude Modulation) 된 중파방송을 수신할 수가 있습니다.
이러한 AM수신기의 방송선택의 상태는 수신기가 켜져 있는 ON상태에서만 상태(狀態, state)의 변화가 나타나는 것입니다.

(그림7.5.1) 상태 스위치

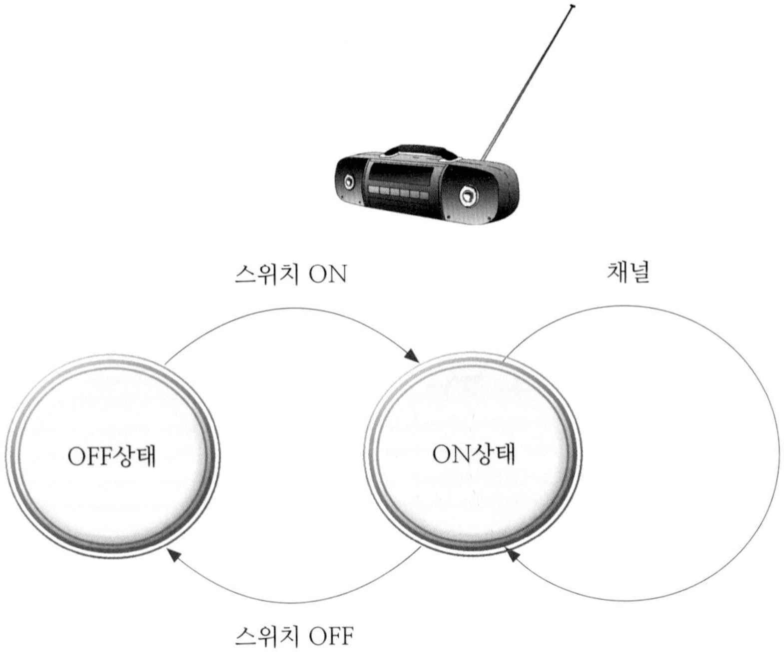

07

7.6 상태천이(state transition)

상태천이(state transition)

시간 및 메시지에 따른 상태의 변화

객체의 상태(狀態, state)는 시간의 흐름과 객체에게 전달되는 메시지(message)에 따라 변화합니다.

문제의 해결과정을 명확하게 하기 위해서는 이러한 상태의 천이(遷移) 과정을 그림으로 표현하여 이해하는 것이 바람직합니다.

객체의 상태천이(state transition)를 일목요연하게 나타내어주는 것이 상태천이도(狀態遷移圖, state transition diagram)입니다.

– 치과병원에서 생긴 일 –
" 제 키보드 상태(state) 좀 봐주시겠요? "

상태천이도(STD : State Transition Diagram)

객체의 상태천이를 나타내는 그림

상태천이도(狀態遷移圖, state transition diagram)란 별다른 것이 아닙니다.

각 객체의 자신 내부의 상태와 메시지(message)에 따른 상태 변화를 분석 정리하여, 중요한 상태 천이 양상을 추출한 뒤 그림으로 그려주면 되는 것입니다.

환경 변화에 따른 인간 신경계의 작용 상태변화를 상태천이도(STD : State Transition Diagram)로 그려주면 다음과 같은 모습으로 파악할 수 있습니다.

(그림7.6.1) 인간 신경계의 상태 천이

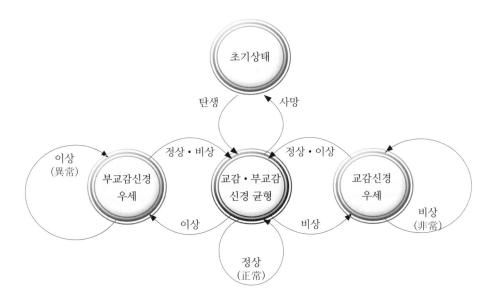

7.7 생성자(constructor)

생성자(constructor)

- 클래스 형틀을 가지고 객체를 생성할 때 객체의 초기화 작업을 전담하는 메소드
- 클래스이름과 같은 이름을 갖는 메소드

Java에서 생성자(constructor)는 객체의 초기화 작업을 전담하는 특수한 메소드(method)입니다. 이 생성자(constructor)는 「생성자(生成子)」 또는 「구축자(構築子)」라고 불리기도 합니다. 생성자(constructor)의 이름은 아무것이나 좋은 것이 아니라, 반드시 생성자가 속하는 클래스의 이름과 똑같은 이름(same name)이어야만 합니다.

Java는 객체를 생성할 때, 우선 클래스의 이름과 똑같은 이름을 가지고 있는 메소드(method)를 검색하여 자동적으로 호출합니다.

(그림7.7.1) 객체 생성, 사용 및 소멸 과정

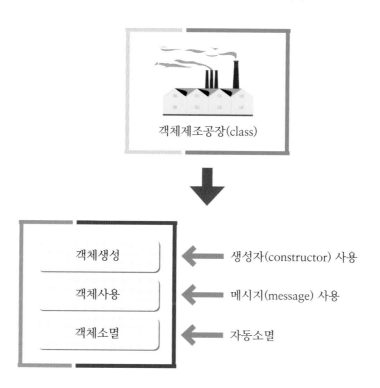

생성자의 예

🖥 **프로그램**

```java
class NumberCountExercise {

  public static void main(String args[]) {
    // CountExercise클래스로 jungeun객체 생성
    CountExercise jungeun = new CountExercise(1);

    //.정수를 카운트 처리한다.
    {
      jungeun.countNumber();
    }
                    └ 메시지
  }
}

class CountExercise {

  private int cnt;   ← 정보 은폐된 멤버 변수 (객체 변수, 인스턴스 변수라고도 불림)

  CountExercise(int num) {

    //.객체 생성 시 정수의 초기값을 설정한다.   ← 생성자의 내용
    {
      setNumber(num);
    }
  }

  public void setNumber(int num) {

    //.카운터의 초기값을 설정한다.
    {
      cnt = num;   // 인수 num으로 cnt변수 초기화
    }
  }

  public void countNumber() {

    //.카운트 처리를 한다.
    {
```

정보 공개된 메소드

```
        cnt = cnt+1;           // cnt를 1만큼 증가
        System.out.println(cnt); // 증가시킨 cnt값 출력
    }
  }
}
```

🖥 쏙(SOC)

```
class NumberCountExercise  {

◆public static void main(String args[])

  ┌ ※CountExercise클래스로 jungeun객체 생성
  │  · CountExercise jungeun = new CountExercise(1);
  │ □정수를 카운트 처리한다.
  │
  │      ■jungeun.countNumber();
  │
  │
  └
}
class CountExercise  {

private int cnt;

◆CountExercise(int num)

  ┌ □객체 생성 시 정수의 초기값을 설정한다.
  │
  │      · setNumber(num);
  │
  │
  └

◆public void setNumber(int num)

  ┌ □카운터의 초기값을 설정한다.
  │
  │      · cnt = num;   ※인수 num으로 cnt변수 초기화
  │
  │
  └

◆public void countNumber()

  ┌ □카운트 처리를 한다.
  │
  │      · cnt = cnt+1;              ※cnt를 1만큼 증가
  │      · System.out.println(cnt); ※증가시킨 cnt값 출력
  │
  │
  └

}
```

시스템 다이어그램

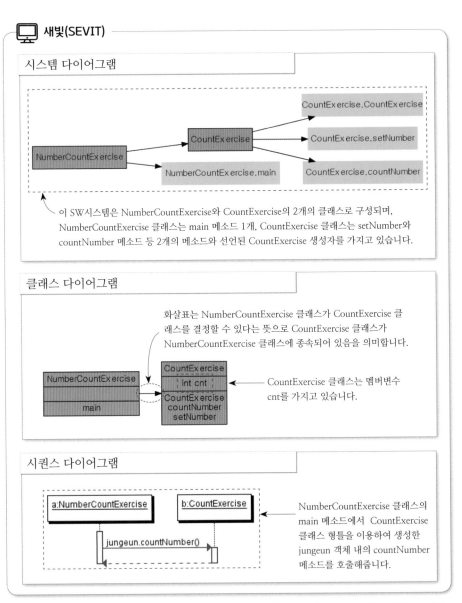

이 SW시스템은 NumberCountExercise와 CountExercise의 2개의 클래스로 구성되며,
NumberCountExercise 클래스는 main 메소드 1개, CountExercise 클래스는 setNumber와
countNumber 메소드 등 2개의 메소드와 선언된 CountExercise 생성자를 가지고 있습니다.

클래스 다이어그램

화살표는 NumberCountExercise 클래스가 CountExercise 클
래스를 결정할 수 있다는 뜻으로 CountExercise 클래스가
NumberCountExercise 클래스에 종속되어 있음을 의미합니다.

CountExercise 클래스는 멤버변수
cnt를 가지고 있습니다.

시퀀스 다이어그램

NumberCountExercise 클래스의
main 메소드에서 CountExercise
클래스 형틀을 이용하여 생성한
jungeun 객체 내의 countNumber
메소드를 호출해줍니다.

실행화면

Java언어에서 생성자(constructor)를 작성할 때에는, 일반 메소드(method)를 작성할 때보다 주의가 필요합니다.

생성자(constructor)는 객체(object)의 생성(제조)시에 객체의 초기화 작업(initialization)을 행하는 일만 전담하는 메소드(method)입니다.

따라서 생성자(constructor)의 이름 앞에는 어떠한 특정한 자료형(data type)도 붙여서는 안됩니다. 즉, 다음과 같이 void 등과 같은 특정한 자료형을 생성자의 이름 앞에 지정해서는 안됩니다.

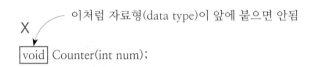

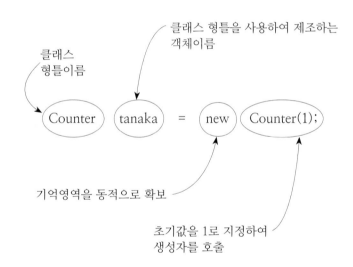

지금까지 new 연산자를 사용하는 프로그램을 다뤄왔지만, 실은 new의 오른쪽의 메소드(method)가 생성자(constructor)입니다.

Java언어에서 생성자(constructor)를 이용하여 객체(客體, object = instance)의 초기화 작업(initialization)을 수행할 경우, 객체(인스턴스)의 생성 시 초기화 희망 값을 직접 지정할 수가 있습니다.

C++언어에서는 객체의 작업이 완료되고 나면 불필요하게 된 객체를 제거해 줄 수 있도록 소멸자(destructor)를 호출해 주어야 합니다.

하지만 Java에서는 생성된 객체의 작업이 완료되어 불필요하게 되더라도 소멸자를 호출해 줄 필요가 없습니다. 그 이유는 객체가 필요 없어지면 Java에서는 쓰레기 수집기(Garbage Collector)가 작동하여 자동적으로 해당 객체를 제거해주기 때문입니다.

C++언어에서는 소멸자(消滅函數, destructor)라고 하는 별도의 객체 사용종료처리 전용의 메소드(method)를 지정해야 합니다. 그 결과 기억영역의 확보(memory allocation)나 해제(memory free)를 행하는 작업이 불편하였습니다.

Java는 객제의 작업을 완료하면 객체의 종료처리를 자동적으로 행하여, 사용완료 상태의 객체(客體, object = instance)를 기억영역으로부터 제거하므로 대단히 편리합니다.

Java에서는 어느 작업(作業)이라도 실행완료 후, 자동적으로 쓰레기 수집(garbage collection)이라는 기억 영역에 대한 청소작업(cleaning work)을 실행합니다.

" 쓰레기 수집(garbage collection)을 자동으로 하니 참 좋아요! "

7-01 쏙(SOC)의 제어구조 부품을 가지고 설계와 코딩을 융합한 형태의 간단한 시각화 Java 프로그램을 작성한 후 제어구조를 추상화 해 보세요.

7-02 Java 언어를 가지고 설계와 코딩 융합 방식으로 시각화 프로그래밍을 할 때, 클래스 부분은 어떻게 작성하는지 실제 사례를 들고 클래스를 설계에서도 중괄호 그대로 사용하는 이유를 생각해 보세요.

7-03 Java의 기본 자료형 중에서 3가지 이상을 사용하여 설계와 코딩 융합 방법으로 시각화 Java 프로그래밍을 수행하고 수행 결과를 제시해 보세요.

7-04 메시지를 전달하는 부분을 포함한 Java 프로그램을 작성한 후, 메시지의 전달 과정을 설명해 보세요.

07

7-05 Java 프로그램에서 생성자를 사용할 때 초기화 시켜 주는 방법을 구체적으로 설명해 보세요.

08

상속기법의 모든 것

8.1 클래스 계층(class hierarchy)

클래스(class)는 성질상 「이다 관계」와 「가지다 관계」를 가지고 있습니다.

「is」 또는 「is-a」로 표현되는 「이다 관계」는 수퍼클래스(superclass)와 서브클래스(subclass)간의 상속관계(相續關係, inheritance relation)를 뜻합니다.

「has」 또는 「has-a」로 표현되는 「가지다 관계」는 클래스(class)와 클래스를 구성하는 멤버(member)간의 구성 관계(構成關係, composition relation)를 뜻합니다.

이 중에서 「가지다 관계」에 대해서는 객체(object)의 멤버(member)에 대한 설명을 통해 어느 정도 자세히 다뤄보았기 때문에, 이제부터는 「이다 관계」로 볼 수 있는 상속관계(相續關係, inheritance relation)에 대해서 자세히 다뤄보기로 하겠습니다.

상속관계(相續關係)는 객체지향에서도 아주 중요한 개념에 속하므로 잘 이해해 두어야 합니다.

(그림8.1.1) 상속관계의 개관

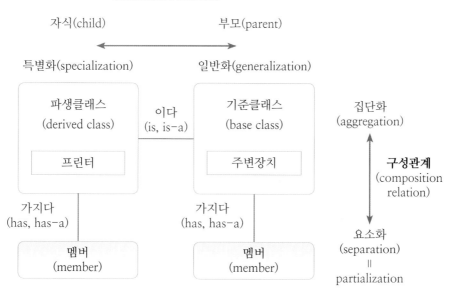

주변장치는 전원스위치를 가진다.(Peripheral device has a POWER switch.)
프린터는 주변장치다.(Printer is a peripheral device.)
프린터는 전원스위치를 가진다.(Printer has a POWER switch.)
프린터는 토너 카트리지를 가진다.(Printer has a toner cartridge.)

클래스(class)에 있어서 부모에 해당하는 수퍼클래스(superclass)와 자식에 해당하는 서브클래스(subclass)와의 사이에 「이다 관계」가 성립한다는 것은 수퍼클래스와 서브클래스간에 상속관계(inheritance relation)가 성립한다는 것을 뜻합니다.

예를 들이, 우주두뇌와 디솜두뇌는 인간두뇌이며 인간두뇌는 생물두뇌의 일종입니다.

(그림8.1.2) 클래스간의 관계의 예

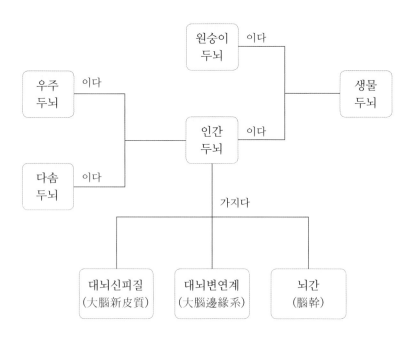

이때, 인간두뇌는 생물두뇌의 기본속성(基本屬性)을 상속(相續)받은 상태에서 자신만의 특별한 속성을 추가하여 보유합니다.

우주두뇌는 생물두뇌와 인간두뇌의 모든 속성을 상속(相續, inheritance)받은 상태에서 자신만의 특별한 속성(specialized attribute)을 추가하여 보유합니다.

이러한 관계(relation)는 상속(inheritance)이 계속 진행됨에 따라, 보다 특별화시킨 형태로 계속 진화합니다.

상속(相續, inheritance)의 계층성은 아주 중요합니다.

클래스(class)간의 상속관계(inheritance relation)를 계층적으로 체계화함으로써, 기존의 조상속성(祖上屬性)을 효율적으로 진화시킬 수 있으며, 기존의 조상속성(祖上屬性, ancestor's attribute)과 신규의 자손속성(子孫屬性, descendant's attribute)을 구분할 수 있습니다.

집(house)이라는 수퍼클래스(superclass)를 한번 생각해 보기로 하겠습니다.

집은 어느 것이나 벽, 지붕, 문 등을 가지고 있습니다. 하지만 집을 구체화 하여 회사건물, 교회, 단독주택, 아파트 건물 등으로 특별화 하면, 특별화(specialized)한 하위의 서브클래스(subclass)에서 상위의 수퍼클래스(superclass)의 속성을 이어받은 상태에서 특별화 한 클래스의 속성을 추가하는 형식으로 차별화가 이루어집니다.

(그림8.1.3) 객체에의 정보 접근

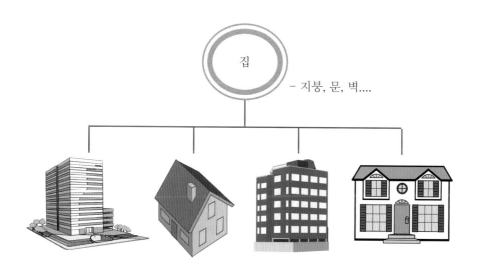

집 – 지붕, 문, 벽....

상속의 기본원칙

자식(subclass)은 부모(superclass)의 모든 재산을 물려받으며, 자식은 부모로부터 물려받은 재산에다 새로운 재산을 추가하여 재산을 불려나가는 식으로 상속

자식(子息)이 원하지 않더라도 부모(父母)의 재산 일부만 물려받을 수는 없습니다.

또한 자식(subclass)은 부모(superclass)로부터 상속받은 재산을 처분할 수 없으며, 항상 진화적인 상속(相續)을 도모해야 합니다.

08

〈 상속은 즐거워 〉

8.2 상속 시의 친자관계

〈 Java, Smalltalk의 경우〉

부모 : Superclass

자식 : Subclass

〈 Eiffel의 경우〉

부모 : Ancestor

자식 : Descendant

〈 C++의 경우〉

부모 : Base Class

자식 : Derived Class

08

Java에서는 부모에 해당하는 클래스(class)를 수퍼클래스(superclass)라고 하고, 자식에 해당하는 클래스를 서브클래스(subclass)라고 합니다.

여기서 부모와 자식간에는 크게 두 가지 상반된 시각을 형성합니다.

우선 개념적 시각으로 볼 때 부모는 자식을 포함합니다. 부모는 자식을 포함하여 가정을 이루기 때문에 자식은 부모의 부분집합을 형성한다고 볼 수 있습니다.

그러나 구현적 시각으로 볼 때, 자식은 부모의 유전자 형질을 이어받아 자신만의 독특한 성질을 부가하여 태어나므로 이 경우에는 부모가 자식의 부분집합이 됩니다.

즉, 객체지향 개념이라는 큰 틀에서 볼 때는 부모는 자식을 추상화시킨 것이므로 자식이 부모의 부분집합을 형성합니다.

그러나 Java라는 구현 언어적인 시각에서는 부모인 수퍼클래스(superclass)를 확장하고 자신만의 형질을 부가하여 자식인 서브클래스(subclass)가 탄생하므로, 부모인 수퍼클래스가 자식인 서브클래스의 부분집합을 형성합니다.

실사회에서도 개념적으로는 장유유서(長幼有序)를 부르짖지만 실제 구현적으로는 자식을 이기는 부모가 없는 것처럼 개념과 실제 적용 상에 문화 충돌이 발생합니다. (어느 세대나 부모들은 자식들의 행동을 보면서 이해하지 못하고 "요즘 말세구나" 라고 말합니다. ^^)

자식은 부모의 형질(形質, attribute)은 물론, 조상이 있다면 조상(ancestor)의 형질까지 전체를 있는 그대로 이어받고 거기에다가 자신만의 특수한 형질을 덧붙입니다.

따라서 부모에 해당하는 수퍼클래스(superclass)를 비롯한 조상들은 자식에 해당하는 서브클래스(subclass)에 비해 일반적인 성질을 가지며, 자식(subclass)들은 각각 모두 부모(superclass)의 일반적인 성질을 이어받음과 더불어 자신만의 개성 있는 성질을 추가로 가집니다.

상속 시의 포함관계

개념적 시각: 자식은 부모의 부분집합을 형성한다. (구체화와 일반화 관계)
구현적 시각: 부모는 자식의 부분집합을 형성한다. (상속 유전자와 확장 유전자 관계)

(그림8.2.1) 상속 시의 포함관계

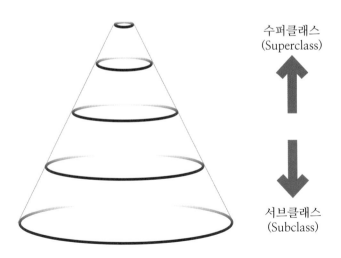

수퍼클래스
(Superclass)

서브클래스
(Subclass)

08

상속관계(inheritance relation)를 Java프로그램으로 구현해보겠습니다.

| Java 예제 8.2.1 | 상속관계의 예 |

💻 **프로그램**

상속관계를 표시

```
class InheritanceCounter extends SuperCounter  {
         └ 서브클래스(subclass) 이름      └ 수퍼클래스(superclass) 이름
   InheritanceCounter(int num) {

      //.객체 생성 시 카운터의 초기값을 설정한다.
      {
         setNumber(num);
      }
   }


   public static void main(String args[])  {
      // InheritanceCounter클래스로 minhee객체 생성
      InheritanceCounter minhee = new InheritanceCounter(1);

      //.정수를 카운트 처리한다.
      {
         // 부모 클래스인 SuperCounter클래스의 countNumber메소드 호출
         minhee.countNumber();    ← 수퍼클래스의 메소드에게 메시지를 보냄
      }
   }
}


class SuperCounter  {

  private int cnt;  ← 정보 은폐된 클래스 변수

  public void setNumber(int num)  {

     //.카운터의 초기값을 설정한다.                       ← 정보 공개된 메소드
     {
        cnt = num;    // 인수 num으로 cnt변수 초기화
     }
  }

  public void countNumber()  {
```

08

```
    //.카운트 처리를 한다.
  {                                                    ← 정보 공개된 메소드
    cnt = cnt+1;          // cnt를 1만큼 증가
    System.out.println(cnt); // 증가시킨 cnt값 출력
  }
 }
}
```

💻 쏙(SOC)

```
class InheritanceCounter extends SuperCounter  {

◆InheritanceCounter(int num)

  □객체 생성 시 카운터의 초기값을 설정한다.

      · setNumber(num);


◆public static void main(String args[])

  ※InheritanceCounter클래스로 minhee객체 생성
  · InheritanceCounter minhee = new InheritanceCounter(1);
  □정수를 카운트 처리한다.

      ※부모 클래스인 SuperCounter클래스의 countNumber메소드 호출
      ■minhee.countNumber();


}
class SuperCounter  {

private int cnt;

◆public void setNumber(int num)

  □카운터의 초기값을 설정한다.

      · cnt = num;    ※인수 num으로 cnt변수 초기화


◆public void countNumber()

  □카운트 처리를 한다.

      · cnt = cnt+1;              ※cnt를 1만큼 증가
      · System.out.println(cnt);  ※증가시킨 cnt값 출력


}
```

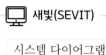 새빛(SEVIT)

시스템 다이어그램

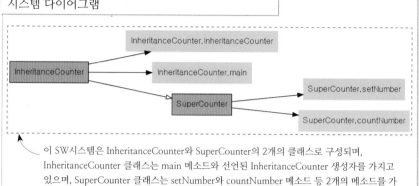

이 SW시스템은 InheritanceCounter와 SuperCounter의 2개의 클래스로 구성되며, InheritanceCounter 클래스는 main 메소드와 선언된 InheritanceCounter 생성자를 가지고 있으며, SuperCounter 클래스는 setNumber와 countNumber 메소드 등 2개의 메소드를 가지고 있습니다.

클래스 다이어그램

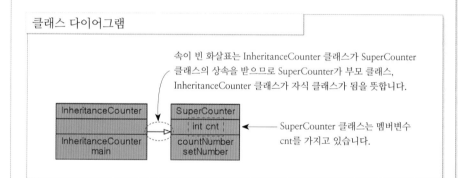

속이 빈 화살표는 InheritanceCounter 클래스가 SuperCounter 클래스의 상속을 받으므로 SuperCounter가 부모 클래스, InheritanceCounter 클래스가 자식 클래스가 됨을 뜻합니다.

SuperCounter 클래스는 멤버변수 cnt를 가지고 있습니다.

시퀀스 다이어그램

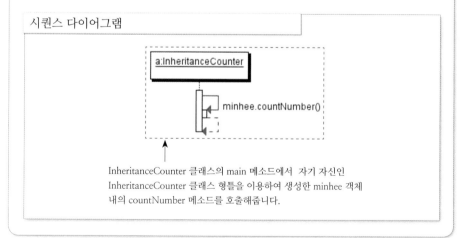

InheritanceCounter 클래스의 main 메소드에서 자기 자신인 InheritanceCounter 클래스 형틀을 이용하여 생성한 minhee 객체 내의 countNumber 메소드를 호출해줍니다.

08

예제 8.2.1에서 수퍼클래스 SuperCounter를 상속받는 서브클래스 InheritanceCounter의 형틀이름(template name)을 다음과 같이 정의할 수 있습니다.

서브클래스의
형틀이름

수퍼클래스의
형틀이름

class InheritanceCounter extends SuperCounter

이때, 서브클래스를 수퍼클래스 앞에 쓰는 이유는 부모의 자식에 대한 사랑때문입니다.

– 어떤 면접 –
" 으음…. 프랑켄슈타인씨의 아드님이시라고… "

08

8.3 상속 시의 접근권한

접근권한

밖에서 해당영역에 접근할 수 있는 권한

상속관계(inheritance relation)가 성립할 때의 접근권한을 정리하면 다음과 같습니다.

① 부모의 public은 외부와 자식에 대해 모두 공개
② 자식의 public도 외부에 대해 공개
③ 부모의 private는 외부에 대해 은폐
④ 자식의 private도 외부에 대해 은폐
⑤ 자식은 부모의 public도 외부에 대해 공개

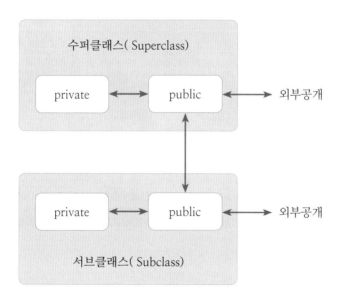

부모의 public을 자식에게 상속할 때, C++에서는 자식이 부모에 대해서 함부로 말하지 않는 것이 바람직하다고 보아 자식이 부모의 public을 private로 취급합니다.
하지만 Java에서는 보다 개방적으로 생각하여, 자식이 부모의 public을 public으로서 받아들입니다.

부모와 자식은 각각 외부에 대해서 공개하고 싶은 부분을 완전히 public상태로 정보공개할 수 있습니다. 부모는 외부에 대해 공개한 부분을 자식에게만 감출 이유가 없으므로, 당연히 자식에게도 공개합니다. 자식은 부모가 공개한 부분을 상속받으면, 부모처럼 외부에 대해 정보 공개합니다.

부모와 자식은 각각 외부에 대해 감추고 싶은 부분을 완전히 private 상태로 정보은폐(information hiding)할 수 있습니다. 부모가 외부에 대해 은폐한 부분은 당연히 자식에게도 은폐합니다. 왜냐하면, 부모에게도 자식에게조차 알리고 싶지 않은 부모만의 비밀이 있을 수 있기 때문입니다.

그러나 그렇게만 한다면 자식이 남과 다를 것이 하나도 없게 됩니다.

부모가 외부에 대해서는 감추더라도, 자식에게만큼은 공개하는 부분도 당연히 있어야 합니다. 그렇게 해야 부모와 자식간의 유대를 강화할 수 있습니다. 그럴 때, 부모는 protected 형태로 하여 외부에 대해 감춘 내용을 자식에게는 공개합니다.

– 어떤 효자 –
" 아빠가 protected하게 전수해주신 점술비법으로 만든 시스템이에요! "

protected와 private의 차이는 다음과 같습니다.

① 수퍼클래스의 protected는 외부클래스에 대해서는 private로 작용하고, 서브클래스 (subclass)에 대해서는 public으로 작용합니다.

② 수퍼클래스의 public은 외부클래스에 대해서 public으로 작용하고, 서브클래스에 대해서도 public으로 작용합니다.

접근권한을 구분하면 다음 표와 같습니다.

<표8.3.1> 접근권한의 구분

수퍼클래스의 멤버	서브클래스	외부클래스
private	접근불가	접근불가
protected	접근가능	접근불가
public	접근가능	접근가능

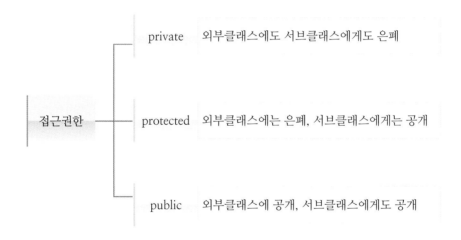

접근권한의 지정이 없는 경우에는 자동적으로 public 속성을 가집니다.

수퍼클래스인 ProtectedCounter 클래스의 protected로 선언한 멤버변수 cnt에 setNumber() 또는 countNumber() 메소드를 호출하여 간접적으로 접근하는 방법과 하위 클래스인 AccessTest 클래스에서 직접 수퍼클래스의 cnt 멤버변수를 지정하여 사용하는 접근권한의 실험 예를 프로그램으로 나타내기로 하겠습니다.

예제 8.3.1의 Java 프로그램에서 「AccessTest yoonhoo = new AccessTest(1);」와 「yoonhoo.countNumber();」는 간접접근법을 사용하고, 「System.out.println(yoonhoo.cnt);」는 직접접근법을 사용합니다.

Java 예제 8.3.1   직접접근과 간접접근의 예

🖥 **프로그램**

```
                        상속관계를 표시      수퍼클래스(superclass) 이름
class AccessTest extends ProtectedCounter  {
            └─ 서브클래스(subclass) 이름
  AccessTest(int num) {

    //.객체 생성 시 카운터의 초기값을 설정한다.
    {
      setNumber(num);
    }
  }

  public static void main(String args[]) {
    // AccessTest클래스로 yoonhoo객체 생성
    AccessTest yoonhoo = new AccessTest(1);

    //.정수를 카운트 처리한다.
    {
      // 상위클래스인 ProtectedCounter의 countNumber메소드 호출(간접접근)
      yoonhoo.countNumber();  ← 수퍼클래스의 메소드에게 메시지를 보냄
      // 상위클래스의 멤버변수 cnt에 메소드를 통하지 않고 접근(직접접근)
      System.out.println(yoonhoo.cnt);
    }
  }
}


class ProtectedCounter  {

  protected int cnt;  ← 외부에는 정보 은폐되고 서브클래스에는 정보 공개된 클래스 변수

  public void setNumber(int num) {

    //.카운터의 초기값을 설정한다.        ← 정보 공개된 메소드 (간접접근법으로
    {                                      cnt변수에 접근할 때 호출하는 메소드)
```

08

```
        cnt = num;
    }
}

    public void countNumber() {

        //.카운트 처리를 한다.
        {
            cnt = cnt+1;            // cnt를 1만큼 증가
            System.out.println(cnt);  // 증가시킨 cnt값 출력
        }
    }
}
```

← 정보 공개된 메소드
(간접접근법으로
cnt변수에 접근할 때
호출하는 메소드)

💻 쏙(SOC)

```
class AccessTest extends ProtectedCounter  {
◆AccessTest(int num)
    □객체 생성 시 카운터의 초기값을 설정한다.
            · setNumber(num);


◆public static void main(String args[])
    ※AccessTest클래스로 yoonhoo객체 생성
    · AccessTest yoonhoo = new AccessTest(1);
    □정수를 카운트 처리한다.
            ※상위클래스인 ProtectedCounter의 countNumber메소드 호출(간접접근)
            ■yoonhoo.countNumber();
            ※상위클래스의 멤버변수 cnt에 메소드를 통하지 않고 접근(직접접근)
            · System.out.println(yoonhoo.cnt);


}

class ProtectedCounter  {

protected int cnt;

◆public void setNumber(int num)
    □카운터의 초기값을 설정한다.
            · cnt = num;
```

08

```
◆public void countNumber()

  □카운트 처리를 한다.

        · cnt = cnt+1;                    ※cnt를 1만큼 증가
        · System.out.println(cnt);        ※증가시킨 cnt값 출력


}
```

🖥 새빛(SEVIT)

시스템 다이어그램

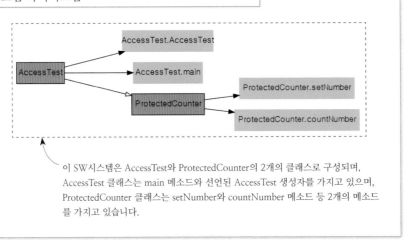

이 SW시스템은 AccessTest와 ProtectedCounter의 2개의 클래스로 구성되며,
AccessTest 클래스는 main 메소드와 선언된 AccessTest 생성자를 가지고 있으며,
ProtectedCounter 클래스는 setNumber와 countNumber 메소드 등 2개의 메소드
를 가지고 있습니다.

클래스 다이어그램

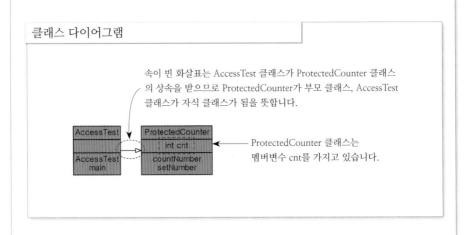

속이 빈 화살표는 AccessTest 클래스가 ProtectedCounter 클래스
의 상속을 받으므로 ProtectedCounter가 부모 클래스, AccessTest
클래스가 자식 클래스가 됨을 뜻합니다.

ProtectedCounter 클래스는
멤버변수 cnt를 가지고 있습니다.

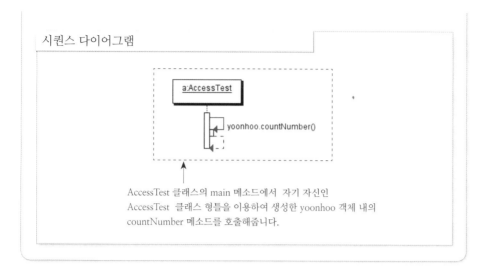

시퀀스 다이어그램

AccessTest 클래스의 main 메소드에서 자기 자신인
AccessTest 클래스 형틀을 이용하여 생성한 yoonhoo 객체 내의
countNumber 메소드를 호출해줍니다.

▶ 실행화면

예제 8.3.1의 Java 프로그램에서는, 수퍼클래스(superclass)인 ProtectedCounter의
「protected」 영역 중의 멤버변수 cnt를 외부클래스(outer class)에게는 정보은폐(情報隱蔽),
서브클래스에게는 정보공개(情報公開)합니다.

서브클래스 AccessTest로부터 cnt변수로 접근하는 방법을 설명하겠습니다.

하나는 서브클래스(subclass) AccessTest의 AccessTest생성자로부터 ProtectedCounter 클래스
의 정보 공개한 「public」 영역의 setNumber() 메소드를 통하여 cnt에게 간접적으로 접근하는
방법입니다.

간접접근법(間接接近法)은 예를 들면 ProtectedCounter 클래스 (class)를 동사무소라고 할 때,
setNumber() 메소드(method)라고 하는 동사무소 직원을 통하여 동사무소의 주민대장 저장소
인 cnt에 접근하는 것과 같은 방법입니다.

또 하나는 AccessTest클래스의 main메소드에서 System.out.println (yoonhoo.cnt);로 수퍼클
래스의 멤버변수인 cnt에 직접접근(direct access)하는 방법입니다.

직접접근법(直接接近法)은 외부클래스(outer class)와는 별도로 수퍼클래스(superclass)와 서
브클래스(subclass)간에만 직접 긴밀한 정을 확인할 수 있는 것과 같은 방법입니다.

08

8.4 추상클래스와 상속

클래스는 추상화 전략에 있어서 대단히 중요합니다.

클래스와 클래스 간에는 「is-a 관계」를 통하여, 일반화(추상화)시킨 상위계층의 클래스와 특별화(구체화)시킨 하위계층의 클래스(class)간에 추상화 사다리(ladder of abstraction)를 구성합니다.

클래스의 대부분은 인스턴스(instance)로서의 객체(object)를 생성할 수 있는 제조장치 형틀로서의 역할을 합니다.

하지만 클래스 중에서 "brain"이라든가 "computer" 등과 같은 일부의 클래스는 객체의 형틀인 인스턴스(instance)로 작용하지 않고 클래스 자체의 형틀로만 작용할 수도 있습니다.

클래스에 대한 제조장치 형틀로만 작용하는 클래스를 우리는 추상클래스(abstract class)라고 합니다.

추상클래스(abstract class)

클래스의 형틀로만 작용하는 클래스

(그림8.4.1) 추상클래스 개념

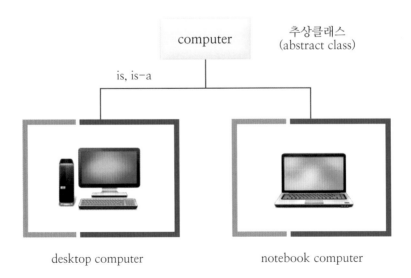

🖥 **프로그램**

```java
class AbstractClassTest  {

  public static void main(String args[])  {
    // Computer추상클래스와 Comp1클래스로 c1객체 생성
    Computer c1 = new Comp1();
    // Computer추상클래스와 Comp2클래스로 c2객체 생성
    Computer c2 = new Comp2();

    //.문자열을 결합 처리한다.
    {
      // 문자열 결합 후 출력
      System.out.println("컴퓨터세트1 = " + c1.cset());
      System.out.println("컴퓨터세트2 = " + c2.cset());
    }
  }
}


abstract class Computer  {   ← 추상클래스 형틀

  String c= "Computer";
  abstract String cset();   ← 추상메소드(abstract method)
}                                    (cset 메소드의 프로토타입)


class Comp1 extends Computer  {

  String csub1 = "Desktop ";

  String cset() {

    //.문자열을 결합하여 되돌린다.   ← cset 메소드의 본체
    {
      return csub1+c;
    }
  }
}
```

08

```
class Comp2 extends Computer  {

  String csub2 = "Notebook ";

  String cset() {

    //.문자열을 결합하여 되돌린다.        ← cset 메소드의 본체
    {
      return csub2+c;
    }
  }
}
```

🖥 쏙(SOC)

```
class AbstractClassTest  {

◆public static void main(String args[])

  ※Computer추상클래스와 Comp1클래스로 c1객체 생성
  · Computer c1 = new Comp1();
  ※Computer추상클래스와 Comp2클래스로 c2객체 생성
  · Computer c2 = new Comp2();
  □문자열을 결합 처리한다.

        ※문자열 결합 후 출력
        ■System.out.println("컴퓨터세트1 = " + c1.cset());
        ■System.out.println("컴퓨터세트2 = " + c2.cset());


}

abstract class Computer  {

String c= "Computer";
abstract String cset();
}

class Comp1 extends Computer  {

String csub1 = "Desktop ";

◆String cset()

  □문자열을 결합하여 되돌린다.
        · return csub1+c;


}
```

08

```
class Comp2 extends Computer  {
String csub2 = "Notebook ";
◆String cset()
    □문자열을 결합하여 되돌린다.
          · return csub2+c;


}
```

🖥 새빛(SEVIT)

시스템 다이어그램

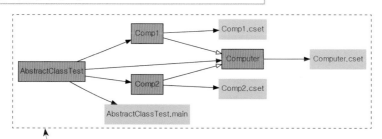

이 SW시스템은 AbstractClassTest, Comp1, Comp2, Computer 등의 4개의 클래스로 구성되며, AbstractClass클래스가 Comp1, Comp2, Computer 등의 3개 클래스를 모두 결정해 줍니다. 또한, Comp1과 Comp2 클래스는 모두 Computer 클래스로부터 상속을 받습니다. AbstractClassTest 클래스는 main 메소드, Comp1 클래스는 cset 메소드, Comp2 클래스도 cset 메소드를 가집니다.

이때, Computer 클래스의 cset메소드는 내용물이 없는 추상 메소드이며, 실제로는 Comp1과 Comp2 클래스에서 각각 내용물을 가진 메소드로 구현이 이루어집니다.

클래스 다이어그램

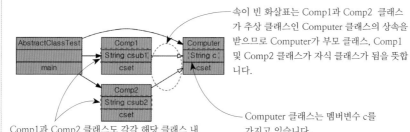

속이 빈 화살표는 Comp1과 Comp2 클래스가 추상 클래스인 Computer 클래스의 상속을 받으므로 Computer가 부모 클래스, Comp1 및 Comp2 클래스가 자식 클래스가 됨을 뜻합니다.

Computer 클래스는 멤버변수 c를 가지고 있습니다.

Comp1과 Comp2 클래스도 각각 해당 클래스 내에서만 유효한 멤버변수 csub1과 csub2를 가지고 있습니다.

08

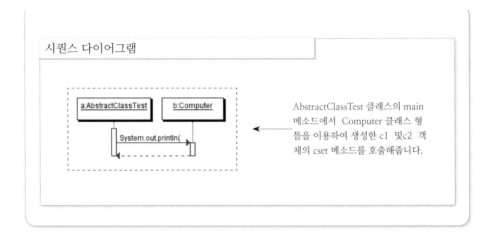

시퀀스 다이어그램

AbstractClassTest 클래스의 main 메소드에서 Computer 클래스 형틀을 이용하여 생성한 c1 및c2 객체의 cset 메소드를 호출해줍니다.

▶ 실행화면

추상클래스(abstract class)로 작용하는 클래스는 반드시 파생되는 서브클래스(subclass)를 가지며, 자신은 객체를 생성하지 않습니다. 이때, 서브클래스에 속하는 객체는 반드시 추상클래스에도 속합니다.

추상클래스는 1개 이상의 추상메소드(abstract method)를 포함하고 있습니다. 바꿔 말하면, 1개 이상의 추상메소드를 포함하고 있는 클래스(class)는 반드시 추상클래스로서 선언해야만 하며, 서브클래스를 파생시킵니다. 또한 추상클래스는 어떠한 경우에도 인스턴스(instance)인 객체를 생성하는 형틀로 기능할 수가 없습니다.

예제 8.4.1에서 객체의 생성방법을 보기로 하겠습니다.

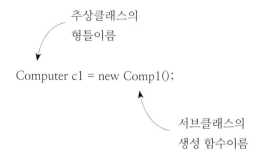

추상클래스의
형틀이름

Computer c1 = new Comp1();

서브클래스의
생성 함수이름

　c1이라고 하는 객체를 생성할 때, 클래스 형틀은 Computer라는 추상클래스 형틀을 이용하여
선언하더라도, 기억영역의 확보는 Comp1이라는 서브클래스의 생성자를 이용하여 동적으로 확
보해야만 합니다.
　이와 같이 추상클래스가 객체를 생성하기 위해서는 반드시 서브클래스의 협력이 필요합니다.

　추상클래스(abstract class)가 보유한 추상메소드(abstract method)는 메소드(method)의 프로
토타입(prototype)만 선언해둔 것입니다. 그 실체(實體)는 서브클래스(subclass)에서 정의합니
다.
　이것은 아주 중요한 의미를 가집니다.
　예제 8.4.1에서 abstract String cset();과 같이 추상메소드(abstract method)를 포함하는 추상
클래스를 선언하면, 서브클래스에서는 메소드 속에 실제의 본체내용을 구성할 수가 있습니다.
　즉 Computer라는 추상클래스의 모델하우스(model house)인 추상메소드 cset() 에서 기본 외
형(外形)만 정의해두면, 서브클래스인 Comp1과 Comp2에서는 각각 cset() 의 목적에 맞는 범
위 내에서 다음과 같이 프로그램을 만들 수가 있는 것과 마찬가지입니다.

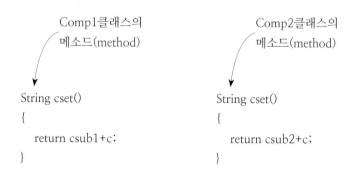

Comp1클래스의
메소드(method)

Comp2클래스의
메소드(method)

```
String cset()
{
    return csub1+c;
}
```

```
String cset()
{
    return csub2+c;
}
```

08

" 추상클래스를 작성하는 연습 좀 하느라고 추상화를 그려보았거든요… "

8.5 인터페이스(interface)와 구현

인터페이스(interface)

- 추상클래스(abstract class)의 일종
- 각 클래스에 공통적으로 사용되는 메소드를 정의하여, 대강의 목적을 각 클래스에 전하기 위한 객체 제조장치 형틀

인터페이스(interface)는 한눈에 보기에 추상클래스(abstract class)와 비슷한 역할을 합니다. 추상클래스가 추상메소드를 정의하고, 메소드(method)의 본체는 추상클래스로부터 상속받은 서브클래스에서 정의하는 것은 인터페이스(interface)의 경우에도 마찬가지입니다.

자신은 메소드의 공통적인 외형(外形)을 정의하고, 메소드의 본체(本體)는 인터페이스 (interface)를 구현하는 구현클래스(implementation class)에서 정의합니다.

그렇다면 추상클래스와 인터페이스의 차이는 도대체 무엇일까요?

(그림8.5.1) 인터페이스와 구현클래스의 관계

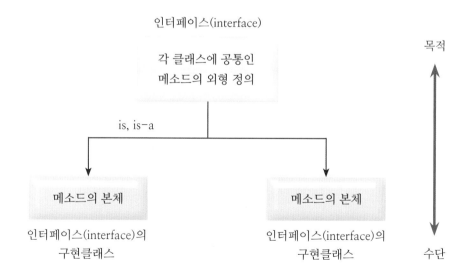

08

수퍼클래스(superclass)와 서브클래스(subclass)의 관계는 통상의 자연적인 친자관계(親子關係)입니다. 즉, 단일의 수퍼클래스가 다수의 서브클래스를 갖는 식의 1:n의 관계는 가능하지만, 그 반대의 관계는 성립하지 않는 「단일상속(single inheritance)」 으로 특징지어집니다.

반면에 인터페이스(interface)와 구현클래스(implementation class)와의 관계는 통상의 친자관계가 아닙니다. 실험실에서 유전인자를 인공적으로 조작하여 새로운 생명을 탄생시키는 것과 같은 인공적인 유전인자 합성 구현관계입니다.

이 관계(關係, relation)는 단일의 인터페이스(interface)가 다수의 구현클래스(implementation class)를 가진다는 점에서 「단일상속(single inheritance)」 과 비슷한 1:n의 「단일구현(single implementation)」 의 관계가 가능합니다.

다수의 인터페이스(interface)가 단일의 구현클래스를 가진다는 점에서는 「다중상속(multiple inheritance)」 과 비슷한 n:1의 「다중구현(multiple implementation)」 의 관계도 가능하다는 특징을 가지고 있습니다.

예를 들면, 캥거루(kangaroo)의 유전자와 인간의 유전자를 합성하여 새로운 생물 제작을 구현(implement)하는 개념이 인터페이스(interface)의 개념입니다.

〈 다중구현(multiple implementation)의 장점 〉

08

그렇다면, 우선 인터페이스(interface)의 단일구현(single implementation)의 예를 들어보겠습니다.

Java 예제 8.5.1   단일구현의 예

🖥 **프로그램**

```java
class SingleImplementation  {

  public static void main(String args[])  {
    Build1 b1 = new Build1();      // Build1클래스로 b1객체 생성
    Build2 b2 = new Build2();      // Build2클래스로 b2객체 생성

    //.문자열을 결합 처리한다.
    {
      // 문자열 결합 후 출력
      System.out.println("빌딩1 = " + b1.bset());
      System.out.println("빌딩2 = " + b2.bset());
    }
  }
}
```
                    ┌ 인터페이스(interface)의 형틀
```java
interface Building  {

  String b = "Building";
  String bset();   ← bset 메소드의 외형(外形)

}
```
                            ┌ 인터페이스 Building을 단일구현하는 클래스 형틀 Build1을 선언
```java
class Build1 implements Building  {

  String bsub1 = "Church ";

  public String bset()  {

    //.문자열을 결합하여 되돌린다. ← bset 메소드의 본체
    {
      return bsub1 + b;
    }
```

177

```
        }
    }
```

┌ 인터페이스 Building을 단일구현하는 클래스 형틀 Build1을 선언
↓
```
class Build2 implements Building  {

  String bsub2 = "Hospital ";

  public String bset()  {

    //.문자열을 결합하여 되돌린다. ← bset 메소드의 본체
    {
      return bsub2 + b;
    }
  }
}
```

🖥 쏙(SOC)

```
class SingleImplementation  {
◆public static void main(String args[])

  · Build1 b1 = new Build1();     ※Build1클래스로 b1객체 생성
  · Build2 b2 = new Build2();     ※Build2클래스로 b2객체 생성
  □문자열을 결합 처리한다.

        ※문자열 결합 후 출력
        ■System.out.println("빌딩1 = " + b1.bset());
        ■System.out.println("빌딩2 = " + b2.bset());



}

interface Building  {

String b = "Building";
String bset();

}

class Build1 implements Building  {

String bsub1 = "Church ";

◆public String bset()

  □문자열을 결합하여 되돌린다.

        · return bsub1 + b;
  ①
```

```
    ①

}

class Build2 implements Building  {

String bsub2 = "Hospital ";

◆public String bset()

    □문자열을 결합하여 되돌린다.

           · return bsub2 + b;



}
```

💻 새빛(SEVIT)

시스템 다이어그램

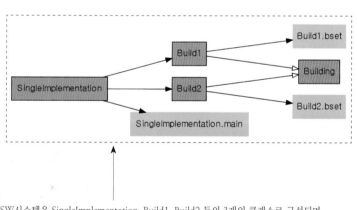

이 SW시스템은 SingleImplementation, Build1, Build2 등의 3개의 클래스로 구성되며,
SingleImplementation 클래스가 Build1, Build2 등의 2개 클래스를 결정해 줍니다.
SingleImplementation 클래스는 main 메소드, Build1 클래스는 bset 메소드, Build2 클래스도 bset
메소드를 가집니다.
이때, Build1과 Build2 클래스는 각각 Building이라는 인터페이스를 implement하여 구현합니다

08

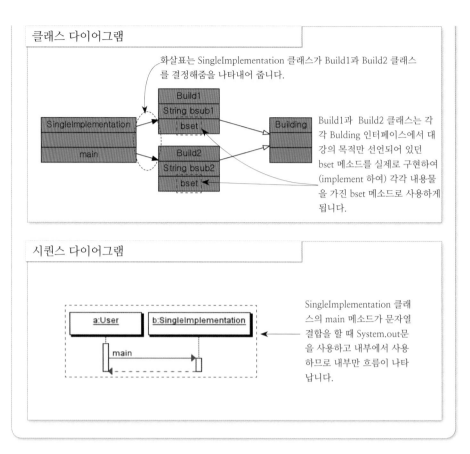

클래스 다이어그램

화살표는 SingleImplementation 클래스가 Build1과 Build2 클래스를 결정해줌을 나타내어 줍니다.

Build1과 Build2 클래스는 각각 Bulding 인터페이스에서 대강의 목적만 선언되어 있던 bset 메소드를 실제로 구현하여 (implement 하여) 각각 내용물을 가진 bset 메소드로 사용하게 됩니다.

시퀀스 다이어그램

SingleImplementation 클래스의 main 메소드가 문자열 결합을 할 때 System.out문을 사용하고 내부에서 사용하므로 내부만 흐름이 나타납니다.

▶ 실행화면

```
C:\Windows\system32\cmd.exe
빌딩1 = Church Building
빌딩2 = Hospital Building
계속하려면 아무 키나 누르십시오 . . . _
```

예제 8.5.1의 Building이라는 인터페이스(interface)에서는 bset()이라는 메소드(method)를 정의하고 있습니다.

bset() 메소드는 본체(本體)를 정의하고 있지 않은 외형(外形) 즉 바깥모습뿐입니다.

이 bset() 메소드에서는 어떤 처리 후에, String형태의 결과를 되돌린다고 하는 대강의 목적만을 표시하고 있습니다. 이 대강의 목적을 구현하는 구현클래스가 Build1클래스와 Build2클래스입니다.

Build1클래스와 Build2클래스에서는 Building인터페이스(interface)의 대강의 목적을 채택하여 그 목적의 범위 내에서 구현(具現, implements)한다는 뜻으로 다음과 같이 「implements」 지정을 행합니다.

class Build1 implements Building

class Build2 implements Building

그리고 Build1클래스와 Build2클래스 속에서 bset()의 실제 본체의 구현내용을 각각 별도로 기술합니다.

따라서 대강의 목적은 같더라도 구체적인 구현 메소드는 구현 클래스에 따라 조금씩 달라집니다.

예제 8.5.1의 실행과정은 다음과 같습니다.

> 인터페이스(interface) Building에서 메소드(method) bset()의 외형(外形)을 선언하여 설정합니다.

> 클래스 Build1과 Build2에서 인터페이스(interface) Building을 채택 구현하여 메소드(method) bset()의 본체(本體)를 정의하고, 목적범위 내에서의 각 메소드(method)별로 구체적인 메소드를 지정합니다.

> 클래스 SingleImplementation의 main함수로서 클래스 Build1과 Build2 형틀을 이용하여 인스턴스(instance)인 객체(object)를 생성하여 씁니다.

인터페이스(interface)

Building

is, is-a

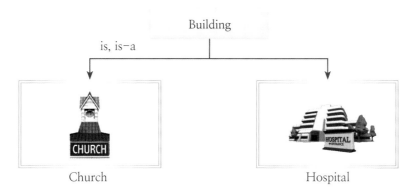

Church   Hospital

08

구현(implementation)은 크게 단일구현(single implementation)과 다중구현(multiple implementation)의 두 가지로 구분할 수 있습니다.

<표8.5.1> 구현의 구분

구분	특성
단일구현(單一具現)	어느 클래스가 1개의 인터페이스(interface)의 메소드 프로토타입을 채택하여 구현하는 것
다중구현(多重具現)	어느 클래스가 2개 이상의 인터페이스의 메소드 프로토타입을 채택하여 구현하는 것

이번에는 다중구현에 대해 다뤄보기로 하겠습니다.

다중구현(multiple implementation)

대상이 되는 사물이 2개 이상의 다른 사물의 속성과 메소드 프로토타입(method prototype)을 채택해 구현하는 것

(그림8.5.2) 다중구현(多重具現, multiple implementation)의 예

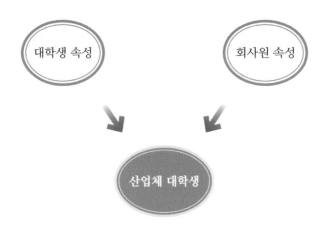

08

인터페이스(interface)의 다중구현(multiple implementation)의 예를 들어보겠습니다.

Java 예제 8.5.2 다중구현의 예

💻 **프로그램**

```java
class MultipleImplementation {

  public static void main(String args[]) {
    // 인터페이스를 구현하는 SanupHakseng클래스로 person객체 생성
    SanupHakseng person = new SanupHakseng();

    //.문자열을 출력 처리한다.
    {
      person.showHakseng();  // 문자열 출력
      person.showHwesa();    // 문자열 출력
    }
  }
}

interface DaeHakseng  {      ← 제1 인터페이스 형틀

  void showHakseng();   ← 메소드 showHakseng의 목적

}

interface Hwesawon  {     ← 제2 인터페이스 형틀

  void showHwesa();     ← 메소드 showHwesa의 목적

}

class SanupHakseng implements DaeHakseng, Hwesawon {
                                    ↑
                            인터페이스 DaeHakseng과
                            Hwesawon을 다중구현하는
                            클래스 형틀 SanupHakseng을 선언
  public void showHakseng() {

    //.문자열을 출력한다.
    {
      System.out.println("University Student");  ← showHakseng 메소드의 본체
    }
  }
```

```
public void showHwesa()  {

   //.문자열을 출력한다.
   {
     System.out.println("Company Staff");   ← showHwesa 메소드의 본체
   }
  }
}
```

🖥 쏙(SOC)

```
class MultipleImplementation  {

◆public static void main(String args[])

   ┌ ※인터페이스를 구현하는 SanupHakseng클래스로 person객체 생성
   │ · SanupHakseng person = new SanupHakseng();
   │ □문자열을 출력 처리한다.
   │
   │      ┌ ■person.showHakseng();  ※문자열 출력
   │      └ ■person.showHwesa();    ※문자열 출력
   │

}
interface DaeHakseng  {

void showHakseng();

}
interface Hwesawon  {

void showHwesa();

}
class SanupHakseng implements DaeHakseng, Hwesawon  {

◆public void showHakseng()

   ┌ □문자열을 출력한다.
   │      ┌ · System.out.println("University Student");
   │      └
   └

◆public void showHwesa()

   ┌ □문자열을 출력한다.
   │      ┌ · System.out.println("Company Staff");
   │      └
   └

}
```

08

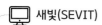

시스템 다이어그램

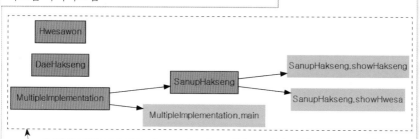

이 SW시스템은 MultipleImplementation, SanupHakseng 등의 2개의 클래스로 구성되며, MultipleImplementation 클래스가 SanupHakseng 클래스를 결정해 줍니다.
MultipleImplementation 클래스는 main 메소드, SanupHakseng 클래스는 showHakseng, showHwesa 등 2개의 메소드를 가집니다.
이때, SanupHakseng 클래스는 DaeHakseng과 Hwesawon 인터페이스를 모두 implement하여 구현하지만, 시스템 다이어그램이나 클래스 다이어그램에서는 나타나지 않습니다. 왜냐하면, implement하는 것은 다중 상속을 하는 것과 같은 효과를 나타내기 때문에, 단일 상속을 원칙으로 하는 Java에서는 별도로 나타내어주지 않습니다.

클래스 다이어그램

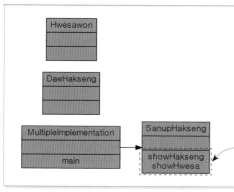

SanupHakseng 클래스는 DaeHakseng과 Hwesawon 인터페이스를 Implement하여 구현한 showHakseng, showHwesa 메소드를 가집니다.

시퀀스 다이어그램

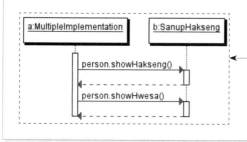

SanupHakseng 클래스는 DaeHakseng과 Hwesawon 인터페이스를 Implement하여 구현한 showHakseng, showHwesa 메소드를 가집니다.

08

▶ 실행화면

예제 8.5.2에서 DaeHakseng 인터페이스(interface)에는 showHakseng() 이라는 메소드, Hwesawon인터페이스에는 showHwesa() 라는 메소드가 있습니다.

showHakseng() 과 showHwesa() 에는 실체를 정의하고 있지 않습니다. 즉 showHakseng() 과 showHwesa() 에는 목적(目的, purpose)만을 기술하고 있습니다.

이 대강의 목적들을 다중으로 구현하는 구현클래스(implementation class)는 SanupHakseng 클래스입니다.

SanupHakseng클래스에서는 DaeHakseng인터페이스와 Hwesawon인터페이스의 목적을 다중 채택하여 구현(multiple implementation)한다는 뜻으로, class SanupHakseng implements DaeHakseng, Hwesawon과 같이 「implements」 선언 뒤에 쉼표(,)를 사용하여 다중채택되는 인터페이스(interface)를 지정해 줍니다.

목적의 실제 구현을 위한 본체는 SanupHakseng클래스 속의 showHakseng() 와 showHwesa() 의 메소드에서 정의합니다.

이로 인해 대강의 목적은 같더라도 각각의 구현클래스의 메소드(method)에 따라 구현수단이 달라지는 것은 당연한 결과입니다.

예제 8.5.2에서 다중구현을 행하는 클래스 형틀의 이름을 붙이는 방법에 대해 설명하기로 하겠습니다.

제 1 인터페이스(interface)인 DaeHakseng과 제 2 인터페이스인 Hwesawon의 속성과 메소드 프로토타입(method prototype)을 다중구현하는 SanupHakseng클래스는 다음과 같이 나타낼 수 있습니다.

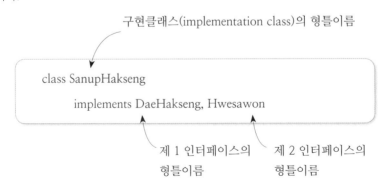

구현클래스(implementation class)의 형틀이름

class SanupHakseng

implements DaeHakseng, Hwesawon

제 1 인터페이스의
형틀이름

제 2 인터페이스의
형틀이름

예제 8.5.2에서 인터페이스(interface)와 구현클래스의 사이의 implements는 구현관계(implementation relation)를 뜻합니다.

제 1 인터페이스와 제 2 인터페이스(interface) 사이의 쉼표(,)는 다중구현의 적용을 뜻합니다.

구현하고자 하는 인터페이스가 3개 이상이 되면 각 인터페이스는 모두 쉼표(,)로 구분해 줍니다.

– 시험관 유전자 합성 시대 –

" 토끼엄마, 사람아빠로 DNA를 다중구현하여 태어난 아기는 호적에 올릴 수 있나요? "

08

2개 이상의 인터페이스(interface)와 이들을 구현하는 클래스간에는 개념적 포함 관계(is-a 관계)가 성립

다중구현(多重具現)을 행할 때, 2개 이상의 인터페이스와 이들을 구현하는 클래스간에는 각각 「is-a 관계」가 성립합니다.

다중구현을 응용하면 복수자원의 정보를 혼합하는 것이 가능해지며, 기존 사물의 속성 재사용(reuse)이 쉬워집니다.

순수한 객체지향의 관점에서 보면 다중구현(多重具現, multiple implementation)을 적극적으로 채택하는 경우에, 유지보수성(maintainability)이 오히려 저하할 가능성이 있기는 합니다.

하지만 통상적인 유전법칙이 아닌 인공합성에 의한 유전형질합성법(遺傳形質合成法)을 적용한다는 점에서, 앞으로 이와 같은 인터페이스(interface)의 채택 구현은 과학의 발전과 더불어 점점 많아질 것입니다.

(그림8.5.2) 인터페이스와 클래스 관계

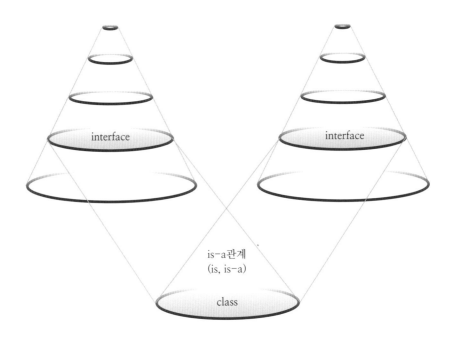

8.6 패키지(package)와 상속

패키지(package)

클래스를 클래스라이브러리(class library)의 패키지(package) 형태로 분류하여 목적별로 집단화(集團化) 한 것

가족 속에서 특정인을 찾는 것은 간단하지만, 세계적으로는 동명이인이 많아 특정인을 찾기 어렵습니다.

클래스(class)를 만드는 경우에도 스스로는 클래스 이름의 중복을 피하기 위해 주의를 기울이기 때문에 혼동의 여지가 거의 없습니다. 하지만 다른 사람도 나와 항상 다른 클래스 이름을 만들고 있는가를 알 수는 없습니다.

프로그램 언어는 클래스 이름의 중복을 허용하지 않기 때문에, 혼동의 가능성이 발생합니다. 특히 Java와 같이 Internet상에서 사용되는 언어에서는 심각한 문제를 일으킵니다.

이러한 문제를 간단하게 해결하는 것이 패키지(package) 개념입니다.

" 이 패키지(package)를 신도관리 프로젝트에 사용해 주십시오! "

패키지(package)란 이름을 패키지 단위로 만드는 것입니다.

소포 패키지(package)를 보낼 때, 이 패키지(소포)에는 수신처 이름을 주소와 함께 기입합니다. 주소이름을 나라이름, 도시이름, 지역이름, 수신자이름 등의 순으로 기입합니다.

이처럼 클래스 이름이 중복하지 않도록 하려면 주소지정법처럼 패키지 단위로 명명(命名)하면 편리합니다.

Java에서는 패키지이름, 클래스이름, 메소드이름, 변수이름 등의 지정을 실세계에서의 주소지정법처럼 행할 수가 있습니다. 또한 영역이름(domain name), 부문이름, 고유이름 등과 같이 기업조직 형태로 지정할 수도 있습니다.

명명법(命名法)은 다음과 같습니다.

패키지의 명명법

패키지이름.클래스이름

패키지이름.클래스이름.메소드이름

패키지이름.클래스이름.변수이름

패키지이름 = 영역이름.부문이름.고유이름

| 패키지
이름 | 클래스
이름 | 메소드
이름 |

패키지(package)를 선언할 때는 소스 파일에서 가장 첫 줄에 기술해주며, 하나의 Java 소스 파일에서는 하나의 패키지 선언을 해줍니다.

만일 패키지 선언문이 없다면, 자동적으로 해당 소스 파일의 클래스는 디폴트 패키지(default package)에 속하는 것으로 간주됩니다.

만일 패키지(package)가 계층관계를 이루고 있다면 다음과 같이 이름을 짓습니다.

(그림8.6.1) 패키지의 계층 관계 표현

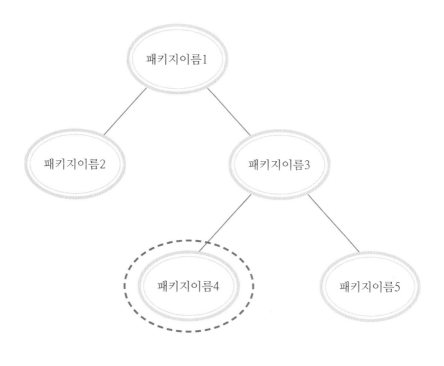

package 패키지이름1.패키지이름3.패키지이름4;

패키지이름은 파일시스템(file system)의 디렉토리 이름(directory name)과 일치하도록 짓습니다.

패키지이름이 디렉토리 구조와 같이 트리구조(tree structure)형태의 계층을 이루고 있는 경우에는 마침표(.)로 구분하여 계층적으로 명명(命名)합니다.

클래스 파일(class file)은 패키지이름과 같은 이름을 가지고 있는 디렉토리에 저장해야 합니다. 따라서 패키지(package)를 지정하여 클래스 저장을 행하기 위해서는 해당 패키지이름과 동일한 이름의 디렉토리를 사전에 만들어 두어야 합니다.

만일 Java 컴파일러가 들어있는 javapg디렉토리에서 pgpackage1이라는 패키지이름으로 ClassAdd라는 이름의 클래스를 만들었다면, javapg디렉토리의 부디렉토리(subdirectory)로서 pgpackage1이라는 디렉토리를 만들어서 ClassAdd.java라는 이름으로 저장해야 합니다.

08

패키지 파일의 작성 예

💻 **프로그램**

```java
package pgpackage1;

public class ClassAdd  {

  public int add(int a, int b) {
    int result;

    //.정수를 더하여 되돌린다.
    {
      result = a + b;
      return result;
    }
  }
}
```

💻 **쏙(SOC)**

```
package pgpackage1;
public class ClassAdd  {

◆public int add(int a, int b)

   · int result;
   □정수를 더하여 되돌린다.

         · result = a + b;
         · return result;



}
```

예를 들자면, javapg 디렉토리에서 패키지(package) pgpackage1의 소속으로 ClassAdd라는 클래스를 만들어 저장(save)해 두고싶다면, pgpackage1이라는 패키지(package)를 ClassAdd. java라는 클래스 파일(class file)로 만들어 pgpackage1 디렉토리에 저장(save)해 두면 됩니다. ClassAdd.java 파일(file)을 저장(save)한 디렉토리 계층은 다음과 같이 나타납니다.

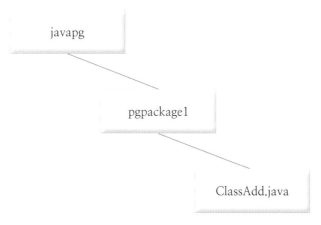

javapg

pgpackage1

ClassAdd.java

Java 예제 8.6.1-2 패키지의 호출 예

🖥 프로그램

```java
import pgpackage1.ClassAdd;

class ProgPackEx1 {

  public static void main(String args[]) {
    int a = 10;
    int b = 20;
    int result = 0;
    ClassAdd hap = new ClassAdd();    // ClassAdd클래스로 hap객체 생성

    //.정수의 덧셈 처리를 한다.
    {
      result = hap.add(a, b);    // hap객체의 add메소드 호출
      System.out.println("a + b = " + result);
    }
  }
}
```

08

🖥 쏙(SOC)

```
import pgpackage1.ClassAdd;

class ProgPackEx1 {

◆public static void main(String args[])

   · int a = 10;
   · int b = 20;
   · int result = 0;
   · ClassAdd hap = new ClassAdd();    ※ClassAdd클래스로 hap객체 생성
   □정수의 덧셈 처리를 한다.

        ■result = hap.add(a, b);    ※hap객체의 add메소드 호출
        · System.out.println("a + b = " + result);



}
```

🖥 새빛(SEVIT)

시스템 다이어그램

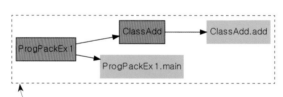

이 SW시스템은 ProgPackEx1, ClassAdd 등의 2개의 클래스로 구성되며, ProgPackEx1 클래스가 ClassAdd 클래스를 결정해 줍니다. ProgPackEx1 클래스는 main 메소드, ClassAdd 클래스는 add 메소드를 가집니다.

패키지 다이어그램

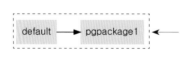

ProPackEx1 클래스의 경우 패키지 선언을 하지 않았기 때문에 default 패키지로 간주하며, ClassAdd 패키지의 경우 pgpackage1 이라는 패키지 선언을 하였기 때문에 papackage1 속에 포함됩니다. 따라서 main 메소드를 포함한 default 패키지가 add메소드를 가진 ClassAdd 클래스를 포함한papackage1 패키지를 결정하는 구조를 형성합니다.

클래스 다이어그램

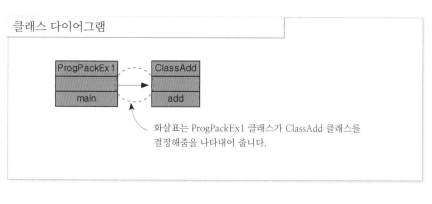

화살표는 ProgPackEx1 클래스가 ClassAdd 클래스를
결정해줌을 나타내어 줍니다.

시퀀스 다이어그램

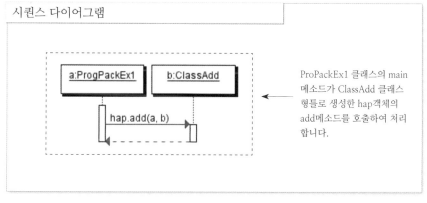

ProPackEx1 클래스의 main
메소드가 ClassAdd 클래스
형틀로 생성한 hap객체의
add메소드를 호출하여 처리
합니다.

▶ 실행화면

작성 저장하고 있는 패키지(package) 자체, 또는 패키지 내의 클래스(class)나 인터페이스(interface)를 현재의 클래스 속으로 임포트(import)하여 이용하려고 하는 경우에는 다음과 같이 import문을 사용합니다.

〈 패키지(package)를 임포트(import) 〉

Import 패키지이름;

〈 패키지(package)내의 클래스(class)를 임포트 〉

Import 패키지이름.클래스이름;

〈 패키지(package)내의 모든 클래스를 임포트 〉

Import 패키지이름.*;

별표(*, asterisk)는 일종의 와일드카드(wildcard) 문자(character)이므로, 어느 클래스(class)라도 모두 지정함을 뜻합니다.

패키지(package) 단위로 클래스(class)를 만들어 둔 경우를 생각해 봅시다,
어떤 임의의 클래스에 대해 상속관계가 성립되어 있다고 한다면, 수식자(修飾子)의 사용상태에 따라 접근(access)을 제한합니다.
패키지(package)를 구성하고 있을 때의 접근(access) 제한상태는 다음 표와 같습니다.

〈표8.6.1〉 패키지와 접근제한

영역＼수식자	무지정	public	protected	private protected	private
같은 클래스	공개	공개	공개	공개	공개
같은 패키지의 서브클래스	공개	공개	공개	공개	은폐
같은 패키지이지만 서브클래스가 아님	공개	공개	공개	은폐	은폐
다른 패키지의 서브클래스	은폐	공개	공개	공개	은폐
다른 패키지이지만 서브클래스가 아님	은폐	공개	은폐	은폐	은폐

08

" 이 병은 private한 마음가짐이 원인입니다.
이제는 public한 마음을 갖도록 노력하세요. "

08

8-01 수퍼클래스와 서브클래스의 관계를 통상적인 부모와 자식 관계 이외에 다른 관계로 표현 가능한지 여부를 조사하고 그 근거를 설명해 보세요.

8-02 Java는 C++언어가 가지고 있는 다중 상속(Multiple Inheritance) 기능을 가지고 있지 않습니다. Java에서 다중 상속에 해당하는 기능을 구현하고자 할 때에 어떠한 방법을 사용할 수 있는지 조사해 보세요.

8-03 Java에서 private, protected, public의 접근권한을 모두 확인할 수 있는 프로그램을 작성한 후 실행 결과를 검토해 보세요.

8-04 Java의 프로그램을 시각화 한 시스템 다이어그램과 클래스 다이어그램에서 상속 관계를 어떻게 표현하고 있는지 확인한 후, 다이어그램을 가지고 상속 관계를 설명해 보세요.

08

8-05 추상 클래스, 패키지, 인터페이스를 모두 포함하는 Java 프로그램을 새틀(SETL)을 사용하여 설계와 코딩을 융합하는 시각화 Java 프로그래밍 방법으로 작성한 후, Java 코드로 순공학 변환하여 컴파일 및 실행시킨 후 그 과정을 구체적으로 설명해 보세요.

09

그 밖의 개념

9.1 다형성(polymorphism)

　자동차의 운전목적은 「땅 위에서의 장소이동」 입니다. 「땅 위에서의 장소이동」 이라는 동일한 목적을 구현하는 자동차들의 종류는 셀 수 없을 정도로 많습니다.

　종류에 따라서 운전법은 약간씩 다릅니다.

　여기에서 운전을 지시하는 메시지(message)가 자동차의 종류에 따라 다르다면 어떤 현상이 일어날까요?

　프로그램 언어에서는 "drive_dumptruck", "drive_bus", "dreve_forklift" 등과 같이 대단히 복잡해질 것입니다.

　그러한 문제점을 해결하기 위해 Java와 같은 객체지향 언어에서는 "drive()"와 같이 하나의 명령으로 단순화시킬 수가 있습니다.

(그림9.1.1) 다형성(polymorphism)

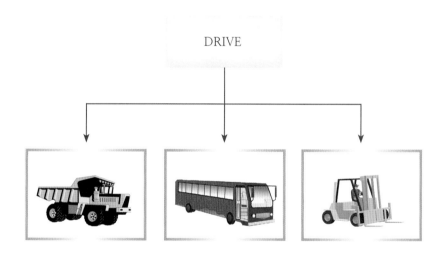

이 개념이 다형성(polymorphism)입니다.

다형성(polymorphism)

　같은 목적을 약간 다른 방법으로 구현하는 메소드들을 같은 이름으로 호출하는 것

09

Java는 다형성을 구현하기 위해 메소드 오버로드(overload) 개념과 메소드 오버라이드(override) 개념을 지원하고 있습니다.

우선 메소드 오버로드(method overload)의 개념을 설명하겠습니다.

메소드 오버로드(method overload)

하나의 목적을 위해, 둘 이상의 메소드(method)들을 같은 이름으로 사용하는 것

---

overload는 원래 전자공학에서 「과부하(過負荷)」라고 불리는 개념입니다.

예를 들면, 하나의 콘센트에 TV, 다리미, 전자레인지 등 다수의 가전제품을 무리하게 연결하는 경우를 생각해 봅시다.

전원선의 정격용량이 초과되어 전선에 열이 발생할 수 있는데, 이 상태를 「과부하 상태(overload state)」라고 합니다.

어느 기계가 능력범위를 초과하여 일을 하는 상태도 「과부하 상태(過負荷 狀態)」라고 합니다.

" 잠깐! 과부하(overload)라구요! "

09

그러나 overload의 개념을 Java와 같은 객체지향 언어에 적용하면서부터는 그 뜻이 조금 달라집니다.

기계(machine)와 같은 하드웨어(hardware)는 어느 일이 과중하게 될 때 지나친 부담을 느껴서 과부하 상태(overload state)로 변합니다.

하지만 Java와 같은 프로그램 언어는 아무리 일이 과중하게 되더라도 지나친 부담을 느끼는 일이 없습니다.

Java에서는 동일한 메소드 이름(method name)을 가지는 다수의 메소드들을 중복사용 하더라도 과부하의 우려가 없습니다.

이와 같이 「하나의 메소드 이름(method name)을 다수의 메소드에 사용하는 것」이 「overload」 입니다.

이 경우에 「overload」란 지나쳐서 과 부담이 된다는 「과부하(過負荷)」 보다는 「용도를 다중정의(多重定義)한다」 는 뜻으로 「오버로드(overload)」 라고 불립니다.

「메소드 오버로드(method overload)」 란 2개 이상의 메소드(method)들을 동일한 이름으로 다중정의(多重定義, overload)하여 사용하는 것을 뜻합니다.

〈 숟가락 용도의 오버로드(overload) 〉

09

다형성의 예(1)

🖥 프로그램

```java
class OverloadProgram1 {

  public static void main(String args[]) {
    // NumberDisplay클래스로 sqt객체 생성
    NumberDisplay sqt = new NumberDisplay();

    //.정수와 실수를 출력한다.
    {
      sqt.display(30);      ← ①
      sqt.display(33.33);   ← ②
    }
  }
}


class NumberDisplay {

  void display(int num) {

    //.정수를 출력한다.
    {                                              ← ③
      System.out.println("Integer Number = " + num);
    }
  }

  void display(double num) {

    //.실수를 출력한다.                            ← ④
    {
      System.out.println("Real Number = " + num);
    }
  }
}
```

09

204

쏙(SOC)

```
class OverloadProgram1 {

◆public static void main(String args[])

  ※NumberDisplay클래스로 sqt객체 생성
   · NumberDisplay sqt = new NumberDisplay();
  □정수와 실수를 출력한다.

        ■sqt.display(30);
        ■sqt.display(33.33);



}

class NumberDisplay {

◆void display(int num)

  □정수를 출력한다.

        · System.out.println("Integer Number = " + num);



◆void display(double num)

  □실수를 출력한다.

        · System.out.println("Real Number = " + num);



}
```

새빛(SEVIT)

시스템 다이어그램

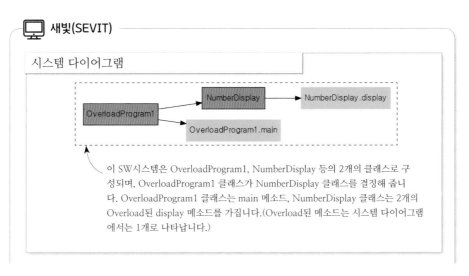

이 SW시스템은 OverloadProgram1, NumberDisplay 등의 2개의 클래스로 구
성되며, OverloadProgram1 클래스가 NumberDisplay 클래스를 결정해 줍니
다. OverloadProgram1 클래스는 main 메소드, NumberDisplay 클래스는 2개의
Overload된 display 메소드를 가집니다.(Overload된 메소드는 시스템 다이어그램
에서는 1개로 나타납니다.)

09

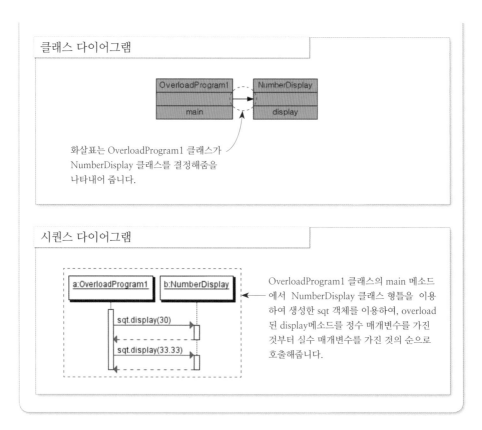

클래스 다이어그램

화살표는 OverloadProgram1 클래스가
NumberDisplay 클래스를 결정해줌을
나타내어 줍니다.

시퀀스 다이어그램

OverloadProgram1 클래스의 main 메소드
에서 NumberDisplay 클래스 형틀을 이용
하여 생성한 sqt 객체를 이용하여, overload
된 display메소드를 정수 매개변수를 가진
것부터 실수 매개변수를 가진 것의 순으로
호출해줍니다.

▶ 실행화면

```
C:\Windows\system32\cmd.exe
Integer Number = 30
Real Number = 33.33
계속하려면 아무 키나 누르십시오 . . .
```

　예제 9.1.1의 NumberDisplay클래스에는 숫자를 화면에 출력하는 display()라는 동일한 이름
을 갖는 ③, ④와 같은 2개의 메소드를 준비하고 있습니다.
　이들의 목적은 「숫자를 화면에 출력하는 것」으로 동일합니다.
　하지만 이 목적을 구현하는 단계에서 ③메소드는 정수(整數)를 출력하지만, ④메소드는 실수
(實數)를 출력하는 등 구현수단에 차이가 생깁니다.
　이처럼 대강의 목적은 동일하지만, 구현수단에 차이가 있을 때에 구현수단인 메소드(method)
의 이름을 동일한 이름으로 정의하는 것이 「메소드 오버로드(method overload)」입니다.

09

그렇기 때문에 예제 9.1.1의 ③, ④메소드는 오버로드(overload) 된 메소드들입니다.

메인 메소드(main method)로부터 ①과 같이 정수 30을 인수로 지정하여 display() 메소드를 호출하면 ③의 메소드가 응답합니다.

②와 같이 실수 33.33을 인수로 지정하여 display() 메소드를 호출하면 ④의 메소드가 응답합니다.

예제 9.1.1.의 Java프로그램은 이렇게 하여 다형성(polymorphism)을 지원합니다.

Java 예제 9.1.2   다형성의 예(2)

🖥 프로그램

```
class OverloadProgram2  {

  public static void main(String args[])  {
    int result = 0;
    NumberMultiply kiho = new NumberMultiply();

    //.정수의 곱셈과 제곱근 처리를 한다.
    {

      //.2개의 정수를 곱셈 처리한다.
      {
        result = kiho.multiply(10, 20);     ← ①
        kiho.display(result);
      }

      //.1개의 정수를 제곱근 처리한다.
      {
        result = kiho.multiply(10);         ← ②
        kiho.display(result);
      }
    }
  }
}


class NumberMultiply  {

  int multiply(int a, int b) {
    int result = 0;                          ← ③
```

```
        //.2개의 정수를 곱하여 되돌린다.
        {
          result = a * b;
          return(result);
        }
      }

    int multiply(int a) {
      int result = 0;

        //.1개의 정수를 제곱근하여 되돌린다.          ← ④
        {
          result = a * a;
          return(result);
        }
      }

    void display(int num) {

        //.정수를 출력한다.
        {
          System.out.println(num);
        }
      }
    }
```

🖥 쏙(SOC)

```
class OverloadProgram2  {

◆public static void main(String args[])

  · int result = 0;
  · NumberMultiply kiho = new NumberMultiply();
  □정수의 곱셈과 제곱근 처리를 한다.

        □2개의 정수를 곱셈 처리한다.

            · result = kiho.multiply(10, 20);
            ■kiho.display(result);

        □1개의 정수를 제곱근 처리한다.

            · result = kiho.multiply(10);
            ■kiho.display(result);


  ①
```

```
    ①
    ⊥

}

class NumberMultiply  {

◆int multiply(int a, int b)

   · int result = 0;
   □2개의 정수를 곱하여 되돌린다.

        · result = a * b;
        · return(result);


◆int multiply(int a)

   · int result = 0;
   □1개의 정수를 제곱근하여 되돌린다.

        · result = a * a;
        · return(result);


◆void display(int num)

   □정수를 출력한다.

        · System.out.println(num);


}
```

🖥 새빛(SEVIT)

시스템 다이어그램

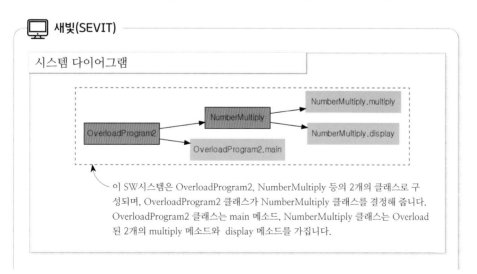

└ 이 SW시스템은 OverloadProgram2, NumberMultiply 등의 2개의 클래스로 구성되며, OverloadProgram2 클래스가 NumberMultiply 클래스를 결정해 줍니다. OverloadProgram2 클래스는 main 메소드, NumberMultiply 클래스는 Overload된 2개의 multiply 메소드와 display 메소드를 가집니다.

09

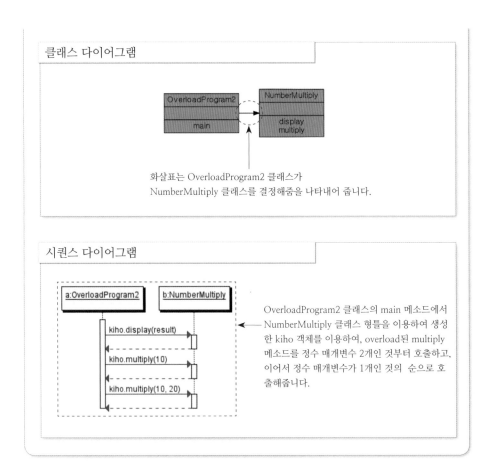

클래스 다이어그램

화살표는 OverloadProgram2 클래스가
NumberMultiply 클래스를 결정해줌을 나타내어 줍니다.

시퀀스 다이어그램

OverloadProgram2 클래스의 main 메소드에서
NumberMultiply 클래스 형틀을 이용하여 생성
한 kiho 객체를 이용하여, overload된 multiply
메소드를 정수 매개변수 2개인 것부터 호출하고,
이어서 정수 매개변수가 1개인 것의 순으로 호
출해줍니다.

▶ 실행화면

    예제 9.1.2는 인수(argument)의 수가 다를 경우의 메소드 오버로드(method overload)의 예입
니다.
    예제 9.1.2의 NumberMultiply클래스(class)에는 정수의 곱셈을 행하는 multiply() 라는 동일
한 이름을 갖는 ③, ④와 같은 2개의 메소드(method)를 준비하고 있습니다.

이들의 목적은 「정수의 곱셈을 행하는 것」으로 동일합니다.

하지만 이 목적을 구현하는 단계에서 ③메소드는 2개의 정수의 곱셈을 행하지만, ④메소드는 1개의 제곱을 행하는 등 구현수단에 차이가 발생합니다.

메인 메소드(main method)로부터 multiply() 메소드가 호출되면 인계되는 인수(引數, argument)의 개수가 일치하는 메소드가 자동적으로 응답합니다.

①과 같이 정수 10과 20의 2개의 인수로 지정하여 호출하면 ③메소드가 응답하지만, ②와 같이 정수 10의 값으로 구성되는 한 개의 인수(引數)로 지정하여 호출하면 ④메소드(method)가 응답합니다.

(그림9.1.2) 객체 호출 및 응답

Numbermultiply클래스

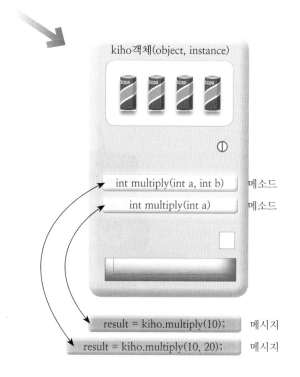

Java에서는 다형성(polymorphism)을 실현하기 위해 「메소드 오버라이드(method override)」라는 개념도 지원하고 있습니다.

수평적으로 동일한 이름의 메소드를 정의하여 사용하는 것(좌우관계)을 메소드 오버로드(method overload)라고 합니다.

수직적으로 동일한 이름의 메소드를 정의하여 사용하는 것(상하관계)을 메소드 오버라이드(method override)라고 합니다.

> **메소드 오버라이드(method override)**
>
> 수퍼클래스(super class)와 서브클래스(subclass)가 각각 동일한 이름의 메소드를 정의하여 사용하는 것

Override는 원래 자동차가 서로 충돌할 때, 한 쪽 자동차의 차체 일부가 다른 쪽 자동차 위로 올라가는 것을 뜻합니다.

서브클래스라는 자동차의 위로 수퍼클래스라는 자동차가 각각 동일한 이름의 메소드를 사용함으로써 마치 한 쪽의 자동차가 다른 쪽의 자동차의 위로 올라탄듯한 효과를 내는 것입니다.

우리는 메소드 오버라이드(method override)의 개념을 수퍼클래스의 메소드 성질을 상속받으면서 서브클래스에서 다른 처리를 할 때에 적용합니다.

〈 어떤 오버라이드(override) 〉

09

212

🖥 프로그램

```java
class OverrideProgram1 extends People  {

  public static void main(String args[]) {
    OverrideProgram1 saram = new OverrideProgram1();

    //.문자열을 출력 처리한다.
    {
      saram.display();
    }
  }

  void display() {

    //.2개의 문자열을 출력한다.
    {
      this.displayHuman();    // 같은 클래스 내의 displayHuman메소드 호출
      super.displayHuman();   // 상위 클래스 내의 displayHuman메소드 호출
    }
  }

  void displayHuman() {

    //.문자열을 출력한다.
    {
      System.out.println("Female");
    }
  }
}


class People  {

  void displayHuman() {

    //.문자열을 출력한다.
    {
      System.out.println("Male");
    }
```

① →
② →
← ③
← ④

09

```
        }
    }
```

```
class OverrideProgram1 extends People  {
◆public static void main(String args[])
    ┌ ·OverrideProgram1 saram = new OverrideProgram1();
    │ □문자열을 출력 처리한다.
    │       ■saram.display();


◆void display()
    ┌ □2개의 문자열을 출력한다.
    │       ■this.displayHuman();    ※같은클래스 내 displayHuman메소드 호출
    │       ■super.displayHuman();   ※상위클래스 내 displayHuman메소드 호출


◆void displayHuman()
    ┌ □문자열을 출력한다.
    │       ·System.out.println("Female");



}

class People  {
◆void displayHuman()
    ┌ □문자열을 출력한다.
    │       ·System.out.println("Male");



}
```

09

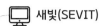 새빛(SEVIT)

시스템 다이어그램

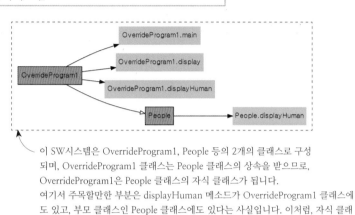

이 SW시스템은 OverrideProgram1, People 등의 2개의 클래스로 구성되며, OverrideProgram1 클래스는 People 클래스의 상속을 받으므로, OverrideProgram1은 People 클래스의 자식 클래스가 됩니다.
여기서 주목할만한 부분은 displayHuman 메소드가 OverrideProgram1 클래스에도 있고, 부모 클래스인 People 클래스에도 있다는 사실입니다. 이처럼, 자식 클래스에서 부모 클래스와 동일한 이름의 메소드를 갖는 것을 Override했다고 합니다.

클래스 다이어그램

속이 빈 화살표는 OverrideProgram1 클래스가 People 클래스의 상속을 받아, 부모와 자식관계가 됨을 뜻합니다.

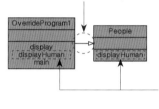

부모 클래스와 자식 클래스간에 동일한 이름의 displayHuman 메소드를 Override 하고 있습니다.

시퀀스 다이어그램

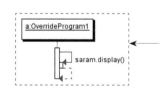

OverrideProgram1 클래스의 main 메소드에서 자기 자신인 OverrideProgram1 클래스 형틀을 이용하여 생성한 saram 객체 내의 display 메소드를 호출해줍니다.

09

```
C:\Windows\system32\cmd.exe
Female
Bumo_local a = 70
Bumo_local b = 80
Bumo_class a = 30
Bumo_class b = 40
Male
계속하려면 아무 키나 누르십시오 . . . ▪
```

예제 9.1.3 속에는 People이라는 수퍼클래스(super class)와 OverrideProgram1이라는 서브클래스(subclass)가 있습니다.

이 때, 부모인 People클래스 내부에 ④의 displayHuman() 메소드가 있으며, 자식인 OverrideProgram1클래스 내부에도 동일한 이름을 가진 ③의 displayHuman() 메소드가 있는 상태가 바로 오버라이드 상태(override state)입니다.

Java에서는 별도의 지정 없이 displayHuman() 메소드를 호출하면, 무조건 자식에게 우선권이 부여되므로, 서브클래스인 OverrideProgram1클래스의 ③의 displayHuman() 메소드를 호출합니다.

좀 더 구체적으로 설명하자면, Java언어에는 this와 super라는 특별한 클래스 변수(class variable)가 있습니다. this는 현재의 클래스(current class)를 가리키며, super는 현재의 클래스의 수퍼클래스(superclass)를 가리킵니다. 예를 들면, 예제 9.1.3과 같이 현재 클래스가 OverrideProgram1, 수퍼클래스(super class)가 People이라면, this는 현재의 클래스(current class)인 OverrideProgram1을 가리키며, super는 수퍼클래스(superclass)인 People을 가리킵니다.

따라서 OverrideProgram1클래스 내부의 display() 메소드(method)에서 사용하고 있는 ①의 this.displayHuman() 메시지(message)는 현재의 클래스(current class)인 OverrideProgram1클래스의 displayHuman() 메소드(method)인 ③을 호출합니다.

②의 super.displayHuman() 메시지(message)는 현재의 클래스인 OverrideProgram1의 수퍼클래스(superclass)인 People의 displayHuman() 메소드(method)인 ④를 호출합니다. 이처럼 부모와 자식간에 수직적으로 같은 이름의 메소드를 쓰는 것이 바로 「메소드 오버라이드(method override)」입니다.

(그림9.1.3) 클래스 계층도(class hierarchy)

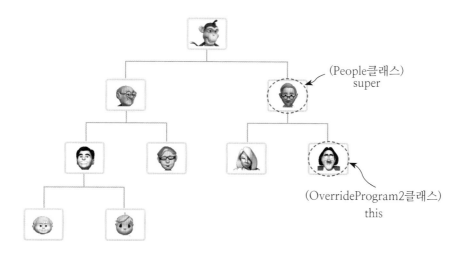

(People클래스)
super

(OverrideProgram2클래스)
this

Java 예제 9.1.4   메소드 오버라이드의 예

💻 프로그램

```
class OverrideProgram2 extends People  {

  int a = 10;    //정수형 멤버변수 선언 및 초기화
  int b = 20;    ← ①

  public static void main(String args[])  {
    OverrideProgram2 saram = new OverrideProgram2();

    //.정수와 문자열을 출력 처리한다.
    {
      saram.display();
    }
  }

  void display() {

    //.정수와 문자열을 다양한 방법으로 출력한다.
    {
②→    this.displayHuman();    // 같은클래스 내 displayHuman메소드 호출
③→    super.displayHuman();   // 상위클래스 내 displayHuman메소드 호출
```

09

```
        }
    }

    void displayHuman() {
        int a = 50;      // 정수형 지역변수 선언 및 초기화
        int b = 60;      ← ④

        //.추상화 수준을 바꿔가며 정수와 문자열을 출력한다.
        {
            // 같은 메소드 내에서 선언된 지역변수 값 출력
            System.out.println("Jasik_local a = " + a);
            System.out.println("Jasik_local b = " + b);      ← ⑤
            // 같은 클래스 내에서 선언된 멤버변수 값 출력
            System.out.println("Jasik_class a = " + this.a);
            System.out.println("Jasik_class b = " + this.b);      ← ⑥
            // 상위클래스 내에서 선언된 멤버변수 값 출력
            System.out.println("Bumo_class_from_jasuk a = " + super.a);
            System.out.println("Bumo_class_from_jasuk b = " + super.b);      ← ⑦
            System.out.println("Female");      // 문자열 출력
        }
    }
}


class People  {

    int a = 30;      ← ⑧
    int b = 40;

    void displayHuman() {
        int a = 70;      ← ⑨
        int b = 80;

        //.정수와 문자열을 출력한다.
        {
            // 같은 메소드 내에서 선언된 지역변수 값 출력
            System.out.println("Bumo_local a = " + a);
            System.out.println("Bumo_local b = " + b);      ← ⑩
            // 같은 클래스 내에서 선언된 멤버변수 값 출력
            System.out.println("Bumo_class a = " + this.a);
            System.out.println("Bumo_class b = " + this.b);      ← ⑪
            System.out.println("Male");    // 문자열 출력
        }
    }
}
```

09

```
class OverrideProgram2 extends People  {

int a = 10;      ※정수형 멤버 변수 선언 및 초기화
int b = 20;

◆public static void main(String args[])

   · OverrideProgram2 saram = new OverrideProgram2();
   □정수와 문자열을 출력 처리한다.

         ■saram.display();


◆void display()

   □정수와 문자열을 다양한 방법으로 출력한다.

         ■this.displayHuman();    ※같은클래스 내 displayHuman메소드 호출
         ■super.displayHuman();   ※상위클래스 내 displayHuman메소드 호출



◆void displayHuman()

   · int a = 50;     ※정수형 지역변수 선언 및 초기화
   · int b = 60;
   □추상화 수준을 바꿔가며 정수와 문자열을 출력한다.

         ※같은 메소드 내에서 선언된 지역변수 값 출력
         · System.out.println("Jasik_local a = " + a);
         · System.out.println("Jasik_local b = " + b);
         ※같은 클래스 내에서 선언된 멤버변수 값 출력
         · System.out.println("Jasik_class a = " + this.a);
         · System.out.println("Jasik_class b = " + this.b);
         ※상위 클래스 내에서 선언된 멤버변수 값 출력
         · System.out.println("Bumo_class_from_jasuk a = " + super.a);
         · System.out.println("Bumo_class_from_jasuk b = " + super.b);
         · System.out.println("Female");     ※문자열 출력



}

class People  {

int a = 30;
int b = 40;

◆void displayHuman()

   · int a = 70;
   · int b = 80;
   □정수와 문자열을 출력한다.

         ※같은 메소드 내에서 선언된 지역변수 값 출력
         · System.out.println("Bumo_local a = " + a);
         · System.out.println("Bumo_local b = " + b);
 ①      ②
```

09

```
    ①    ②※같은 클래스 내에서 선언된 멤버변수 값 출력
          ·System.out.println("Bumo_class a = " + this.a);
          ·System.out.println("Bumo_class b = " + this.b);
          ·System.out.println("Male");    ※문자열 출력


}
```

🖥 새빛(SEVIT)

시스템 다이어그램

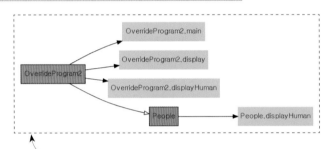

이 SW시스템은 OverrideProgram2, People 등의 2개의 클래스로 구성
되며, OverrideProgram2 클래스는 People 클래스의 상속을 받으므로,
OverrideProgram2는 People 클래스의 자식 클래스가 됩니다.
여기서 주목할만한 부분은 displayHuman 메소드가 OverrideProgram2 클래스에
도 있고, 부모 클래스인 People 클래스에도 있다는 사실입니다. 이처럼, 자식 클래
스에서 부모 클래스와 동일한 이름의 메소드를 갖는 것을 Override했다고 합니다.

클래스 다이어그램

속이 빈 화살표는 OverrideProgram2 클래스가 People
클래스의 상속을 받아, 부모와 자식관계가 됨을 뜻합니다.

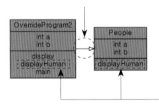

부모 클래스와 자식 클래스간에 동일한 이
름의 displayHuman 메소드를 Override
하고 있습니다.

09

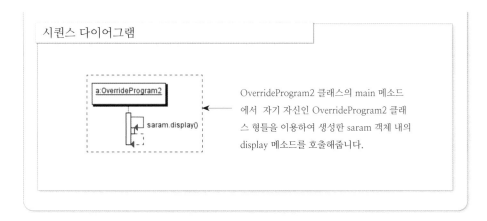

시퀀스 다이어그램

a:OverrideProgram2

saram.display()

OverrideProgram2 클래스의 main 메소드에서 자기 자신인 OverrideProgram2 클래스 형틀을 이용하여 생성한 saram 객체 내의 display 메소드를 호출해줍니다.

▶ 실행화면

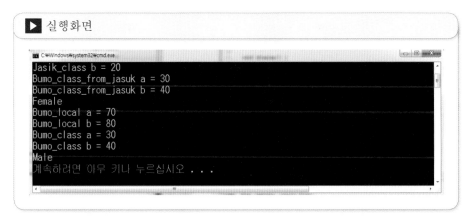

```
C:\Windows\system32\cmd.exe
Jasik_class b = 20
Bumo_class_from_jasuk a = 30
Bumo_class_from_jasuk b = 40
Female
Bumo_local a = 70
Bumo_local b = 80
Bumo_class a = 30
Bumo_class b = 40
Male
계속하려면 아무 키나 누르십시오 . . .
```

예제 9.1.4의 OverrideProgram2클래스는 People클래스의 서브클래스(subclass)입니다.

①의 a, b는 OverrideProgram2클래스의 멤버변수(member variable)입니다.

④의 a, b는 OverrideProgram2클래스의 displayHuman() 메소드의 지역 변수(local variable)입니다.

따라서 ④의 지역 변수(地域變數, local variable) a, b는 ⑤와 같이 displayHuman() 메소드(method) 내부에서 동일한 변수이름(variable name)으로 나타내어 줍니다.

①의 a, b와 같은 멤버변수(member variable)는 ⑥과 같이 this를 사용하여 지정해줍니다.

⑧의 a, b와 같은 수퍼클래스(super class)의 멤버변수(member variable)를 서브클래스(subclass)에서 지정하는 것도 간단합니다.

⑦과 같이 수퍼클래스를 뜻하는 super를 사용하여 지정해주면 되기 때문입니다.

또한 ⑧과 같은 수퍼클래스 People의 멤버변수(member variable)를 사용하려고 하면, ⑪과 같이 this를 사용하여 지정해줍니다.

이 때도 ⑨의 지역 변수(地域變數, local variable) a, b는 ⑩과 같이 동일한 이름으로 지정해줍니다.

09

Java 예제 9.1.5   생성자 오버라이드의 예

💻 프로그램

```java
class OverrideProgram3  {

  public static void main(String args[])  {
    ChildAdd hab = new ChildAdd(30, 40);

    //.정수를 출력 처리한다.
    {
      hab.display();
    }
  }
}

class ChildAdd extends ParentAdd  {

  int a;           ← ①
  int b;

  ChildAdd() {
②  →  this(10, 20);     // 객체 생성 시 자체 클래스 생성자 호출
  }
```

```java
    ChildAdd(int a, int b) {   ← ③
④ → super(a + 10, b + 10);    // 상위 클래스 내의 멤버변수 처리
⑤ → this.a = a;               // 같은 클래스 내의 멤버변수 처리
⑥ → this.b = b;               // 같은 클래스 내의 멤버변수 처리
    }

    int add() {

      //.정수를 더한다.
      {
        return this.a + this.b;     // 같은 클래스 내의 멤버변수 처리
      }                     ↑
    }                      ⑦

    void display() {

      //.정수를 출력한다.
      {
        // 같은 클래스의 add메소드를 호출하여 수행
        System.out.println("ChildAdd Result = " + this.add());   ← ⑧
        // 상위 클래스의 add메소드를 호출하여 수행
        System.out.println("ParentAdd Result = " + super.add());   ← ⑨
      }
    }
  }


  class ParentAdd  {

    int a;   ← ⑩
    int b;            ⑪
                       ↓
    ParentAdd(int a, int b) {
⑫ → this.a = a;      // 매개변수 입력 값을 같은 클래스 내의 멤버변수에 대입
⑬ → this.b = b;
    }

    int add() {

      //.정수를 더한다.
      {
        return this.a + this.b;     // 같은 클래스 내의 멤버변수 처리
      }              ↑
    }              ⑭
  }
```

09

```
class OverrideProgram3  {

◆public static void main(String args[])

    ·ChildAdd hab = new ChildAdd(30, 40);
    □정수를 출력 처리한다.

        ■hab.display();


}

class ChildAdd extends ParentAdd  {

int a;
int b;

◆ChildAdd()

    ·this(10, 20);      ※객체 생성 시 자체 클래스 생성자 호출


◆ChildAdd(int a, int b)

    ·super(a + 10, b + 10);    ※상위 클래스 내의 멤버변수 처리
    ·this.a = a;               ※같은 클래스 내의 멤버변수 처리
    ·this.b = b;               ※같은 클래스 내의 멤버변수 처리


◆int add()

    □정수를 더한다.

            ·return this.a + this.b;      ※같은 클래스 내의 멤버변수 처리



◆void display()

    □정수를 출력한다.

        ※같은 클래스의 add메소드를 호출하여 수행
        ■System.out.println("ChildAdd Result = " + this.add());
        ※상위 클래스의 add메소드를 호출하여 수행
        ■System.out.println("ParentAdd Result = " + super.add());



}

class ParentAdd  {

int a;
int b;

◆ParentAdd(int a, int b)

    ·this.a = a;    ※매개변수 입력 값을 같은 클래스 내의 멤버변수에 대입
    ①
```

224

```
①
   · this.b = b;

◆int add()

  □정수를 더한다.

        · return this.a + this.b;      ※같은 클래스 내의 멤버변수 처리


}
```

💻 새빛(SEVIT)

시스템 다이어그램

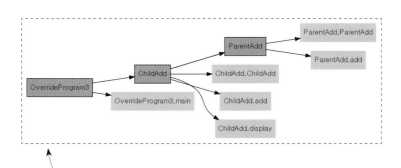

이 SW시스템은 OverrideProgram3, ChildAdd, ParentAdd 등의 3개의 클래
스로 구성되며, OverrideProgram3 클래스는 ChildAdd 클래스를 결정해주고,
ChildAdd 클래스는 ParentAdd 클래스의 상속을 받으므로, ChildAdd 클래스는
ParentAdd 클래스의 자식 클래스가 됩니다.

여기서 주목할만한 부분은 ChildAdd 클래스에 생성자가 2개 Overload 되어 있
다는 사실입니다. 그럼에도 불구하고 시스템 다이어그램에서는 상속관계가 나
타나지 않습니다. 그 이유는 시스템 다이어그램에서 메소드의 경우는 상속관계
를 표시하지만, 어느 정도의 추상화를 유지해주기 위한 생략기법 사용으로 생성
자까지는 나타내지 않기 때문입니다.

그러나 걱정할 필요는 없습니다. 클래스 다이어그램을 참조하면 그 곳에서 생성
자까지 포함한 모든 상속관계를 자세하고 명확하게 알 수 있기 때문입니다.

09

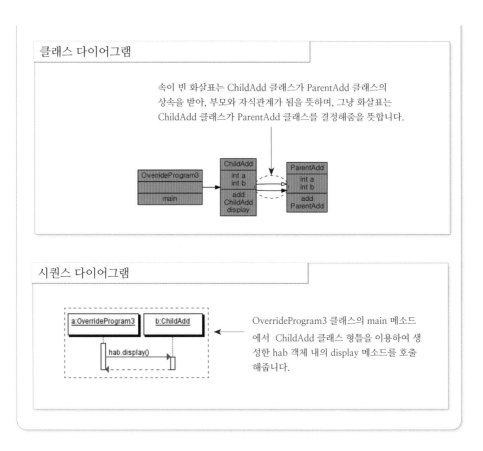

클래스 다이어그램

속이 빈 화살표는 ChildAdd 클래스가 ParentAdd 클래스의
상속을 받아, 부모와 자식관계가 됨을 뜻하며, 그냥 화살표는
ChildAdd 클래스가 ParentAdd 클래스를 결정해줌을 뜻합니다.

시퀀스 다이어그램

OverrideProgram3 클래스의 main 메소드
에서 ChildAdd 클래스 형틀을 이용하여 생
성한 hab 객체 내의 display 메소드를 호출
해줍니다.

▶ 실행화면

예제 9.1.5를 살펴보자면 ChildAdd클래스는 ParentAdd클래스의 서브클래스입니다.

ChildAdd()생성자의 ⑤, ⑥에서의 변수 a, b는 ③의 a, b의 지역 변수를 이용한 것이며, this.a ,
this.b는 ①의 a, b의 멤버변수를 지정한 것 입니다.

이때, ②에서 this(10,20)와 같이 지정하면 ChildAdd(int a, int b) 메소드를 호출합니다. 또한
④에서 super(a+10, b+10)와 같이 지정하면 수퍼클래스(super class)인 ParentAdd의 생성자
(constructor)인 ParentAdd(int a, int b) 를 호출합니다.

226

ⓐ의 this.a는 ①의 a, ⓐ의 this.b는 ①의 b를 지정합니다. ⑧의 this.Add() 메시지는 현재 클래스인 ChildAdd의 add() 메소드를 호출하여 ⓐ을 수행시킵니다.

⑨의 super.add() 메시지는 현재의 ChildAdd클래스의 수퍼클래스인 ParentAdd의 add() 메소드를 호출하여 ⑭을 수행시킵니다.

변수의 경우에는 ⑫의 변수 a와 ⑬의 변수 b는 동일한 ⑪의 지역 변수 a, b를 이용합니다. ⑫의 this.a와 ⑬의 this.b는 ParentAdd클래스의 멤버변수 ⑩의 a, b를 이용합니다. 또한 ⑭의 this.a와 this.b 도 현재의 ParentAdd클래스의 멤버변수인 ⑩의 a, b를 이용하고 있습니다.

" 어머, 오버라이드(override) 하셨군요! "

9.2 예외처리(Exception handing)

> ### 예외처리(Exception handing)
>
> Java프로그램 실행 시 예외가 발생한 경우의 처리

작성한 Java프로그램을 컴파일(compile)하면 Java의 클래스 파일(class file)을 생성합니다. 이처럼 Java프로그램을 컴파일하여 클래스 파일을 생성하는 과정에서 발생하는 에러(error)가 컴파일 에러입니다.

Java프로그램을 수행시키기 위해서는 컴파일과정을 통하여 생성한 Java의 클래스 파일(class file)을 우선 컴퓨터(computer)의 주기억장치로 적재(load)해야만 합니다.

적재한 클래스 파일은 JVM(Java Virtual Machine)내의 Java 인터프리터(interpreter)가 통역하여 수행합니다.

이와 같이 Java클래스 파일을 적재하여 통역 실행하는 과정에서 발생하는 에러(error)가 예외(例外, exception)이며, 예외발생 시의 처리가 예외처리(exception handing)입니다.

09

Java의 클래스 파일(class file)를 통역 실행하는 과정에서 예외가 발생하면 예외의 종류에 따라서 해당하는 예외 객체를 자동적으로 생성합니다.

Java에서는 에러(error) 처리를 위해 java.lang패키지 내부에서 최상위 조상에 해당하는 Object클래스의 에러처리 전용의 서브클래스로서 Throwable클래스를 마련하고 있습니다.

이 Throwable클래스는 예외처리 전담의 Exception클래스와 에러처리 전담의 Error클래스의 2종류의 서브클래스를 가지고 있습니다.

그렇다면 예외와 에러의 차이는 도대체 무엇일까요?

「예외」와 「에러」는 근본적으로는 모두 에러이지만, 그 중에서도 프로그램 실행 시에 대응처리가 가능한 정도의 가벼운 에러를 특별히 「예외」라고 합니다.

(그림9.2.1) 에러처리 클래스 구성도

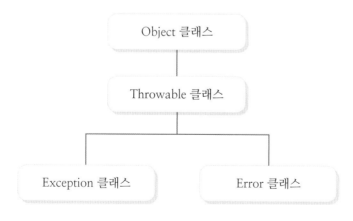

Exception클래스는 예외의 종류에 따라 전문적인 예외 처리용 클래스들을 서브클래스로 파생시키며, Error클래스도 에러의 종류에 따라서 전문적인 에러 처리용 클래스들을 서브클래스로 파생시킵니다.

〈표9.2.1〉 Exception클래스의 파생관계

Exception클래스의 서브클래스들	예외종류
ClassNotFoundException	파일(file)를 적재하려고 했으나, 파일이 발견되지 않음
CloneNotSupportedException	Clonable 인터페이스의 clone 메소드를 호출했지만, Clonable 인터페이스가 구현되어 있지 않음
IllegalAccessException	클래스나 static initializer에 접근이 가능하지 않음
InstantiationException	인터페이스(interface)나 추상클래스를 객체화 (instance화)하려고 했지만 객체화가 안됨
InterruptedException	스레드(thread) 처리 중에 간섭(interrupt)이 발생
NoSuchMethodException	정의된 메소드(method)가 발견되지 않음
RuntimeException	실행처리에 문제가 발생
AWTException	java.awt패키지에서 문제가 발생
IOException	입출력 처리에 문제가 발생

– 어떤 예외(exception) –
" 웩, 기름인줄 알고 마셨더니 물이잖아! "

Java프로그램을 실행하기 위해서는 우선 컴파일러(compiler)가 원시 파일(source file)을 컴파일하여 클래스 파일(class file)을 생성합니다.

그 다음에 중간코드(intermediate code) 형태의 클래스 파일(class file)을 클래스 적재기(class loader)가 주기억장치로 적재합니다.

마지막으로 JVM(Java Virtual Machine) 내의 인터프리터가 통역하여 실행시킵니다.

컴파일러(compiler)

원시파일(source file)을 클래스 파일(class file)로 변환하는 프로그램

클래스 파일(class file)

컴파일러가 변환한 중간코드 파일

클래스 적재기(class loader)

클래스 파일을 적재하는 프로그램

인터프리터(interpreter)

클래스 파일을 통역 실행하는 프로그램

09

〈 일기예보 〉

옛날에는 기우제를 지냈지만..

지금은 컴퓨터로 일기를 정확하게 예측할 수 있지요.

어디, 일기예보를 볼까요..

휴우... 예외가 발생했군요!

Java에서는 예외 코드 블록(code block)을 이용한 예외처리를 위해 try, catch, finally 등의 구문을 준비하고 있습니다.

try구문은 예외발생의 가능성이 있는 코드 블록(code block)에 대한 감시를 행하기 위한 것입니다.

catch구문은 발생한 예외를 캐치(catch)하여 대응처리를 행하기 위한 것입니다.

finally구분은 예외발생 여부에 관계없이 처리를 행하기 위한 것입니다.

> **try**
> 예외발생가능 코드 블록(code block)을 감시

> **catch**
> 발생한 예외(exception)에 대한 대응처리

> **finally**
> 예외발생에 상관없이 행하는 처리

" 로봇군의 예외(exception) 병명을 진단해보니 상사병이군요! "

예외처리는 다음과 같이 이루어집니다.

Java프로그램의 통역 실행 시, 예외감시를 행하는 코드 블록의 바깥에서 예외가 발생하면 에러 메시지(error message)를 출력하면서 프로그램의 실행을 중단합니다.

하지만 예외감시를 행하는 코드 블록(code block)인 try절 내부에서 예외(exception)가 발생하면 즉시 예외를 인식합니다.

예외를 인식하면 예외조건에 따라 예외 객체를 자동적으로 생성합니다. 그러면 catch절에서 예외 객체를 받아들여 적절한 대응조치를 취합니다. 이 때 catch의 인수(引數)로 기술한 예외클래스(exception class)의 형(type)이 일치하는 경우에만 catch절 내부의 구문들을 실행하며, 일치되지 않으면 다음의 catch절을 점검합니다. 이처럼 하나의 try절에 대해서 2개 이상의 catch절을 만들어 놓을 수 있습니다.

finally절에서는 예외발생(例外發生)에 상관없이 처리를 행합니다. 주로 finally절에는 예외처리의 실행여부에 상관없이, 반드시 실행해야 하는 처리를 기술합니다.

" 이대로 괜찮습니다. 저 스스로 catch 할 수 있거든요. "

09

Java 예제 9.2.1   예외처리 1

💻 **프로그램**

```
class ExceptionProg1  {

  public static void main(String args[])  {

    //.배열의 요소수가 음수로 지정되는 예외대응 처리를 한다.
    {
      try                          ← 예외감시가 행해지는 코드 블록 절
      {
        int num[] = new int[-5];
        num[3]=10;                 ← 예외발생의 가능성이 있는 코드 블록(code block)
      }
      catch(NegativeArraySizeException except)    {
        // 배열의 요소수가 음수인 경우의 대응처리 절
        System.out.println("ArraySize is negative!!!");
      }
      finally
      {
        // 예외발생 유무에 관계없이 수행되는 처리 절
        System.out.println("Exception checking completion!!!");
      }
    }
  }
}
```

💻 **쏙(SOC)**

```
class ExceptionProg1  {
◆public static void main(String args[])
  ■배열의 요소수가 음수로 지정되는 예외대응 처리를 한다.
       □try
            · int num[] = new int[-5];
            · num[3]=10;
         △
          ◇catch(NegativeArraySizeException except)
          T ※배열의 요소수가 음수인 경우의 대응처리 절
            · System.out.println("ArraySize is negative!!!");
  ①    ②
```

09

```
①    ②
│    │□finally
│    └───※ 예외발생 유무에 관계없이 수행되는 처리 절
│           · System.out.println("Exception checking completion!!!");
│
│
}
```

🖥 새빛(SEVIT)

시스템 다이어그램

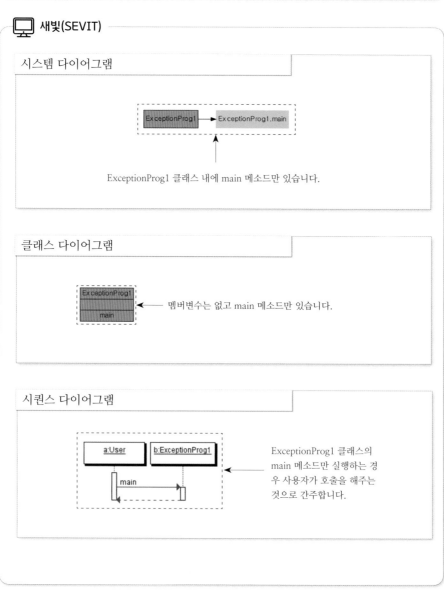

ExceptionProg1 클래스 내에 main 메소드만 있습니다.

클래스 다이어그램

멤버변수는 없고 main 메소드만 있습니다.

시퀀스 다이어그램

ExceptionProg1 클래스의
main 메소드만 실행하는 경
우 사용자가 호출을 해주는
것으로 간주합니다.

09

```
C:\Windows\system32\cmd.exe
ArraySize is negative!!!
Exception checking completion!!!
계속하려면 아무 키나 누르십시오 . . .
```

예제 9.2.1에서 ExceptionProg1클래스의 메인 메소드인 main() 메소드의 내부에는 예외발생의 가능성이 있는 코드 블록(code block)을 포함하고 있습니다.

ExceptionProg1클래스 파일이 적재 후 통역 실행 할 때, 배열의 요소수를 [-5]와 같이 음(陰, 負)의 수로 지정하여 예외가 발생한다고 생각해 봅시다.

그러면 예외감시를 행하고 있던 try절의 예외 코드 블록 내부이므로 예외를 인식합니다.

예외를 인식하면 예외조건에 따라 예외 객체를 자동적으로 생성합니다.

그러면 배열의 요소수가 음수인 경우의 대응처리를 위해 마련해 두었던 catch절의 인수(argument)로 기술하고 있는 예외 클래스 NegativeArraySizeException과 형(type)이 일치하므로 catch절 내부에서 대응조치로서 "ArraySixe is negative!!!"라는 메시지를 출력합니다.

finally절에서는 예외발생(例外發生)에 상관없이 처리가 행해지므로 "Exception checking completion!!!"이라는 메시지(message)를 출력합니다.

finally절은 예외(例外, exception)의 발생여부에 상관없이 종료처리(終了處理)로서 반드시 실행이 이루어지므로, 「종료 핸들러(終了處理機, termination handler)」라고도 불립니다.

Java 예제 9.2.2   예외처리 2

🖥 프로그램

```
class ExceptionProg2  {

  public static void main(String args[])  {

    //.배열의 첨자 '7'이 지정범위 밖에 있는 경우의 예외 대응 처리를 한다.
    {
      try
      {                              ← 예외감시를 행하는 코드 블록 절

        int num[] = new int[5];
        num[7]=10;                   ← 예외발생의 가능성이 있는 코드 블록(code block)
      }
      catch(IndexOutOfBoundsException except)     {
```

09

```
            // 배열의 첨자가 지정범위 밖에 있을 때의 대응처리
            System.out.println("Subscript is out of range!!!");
        }
        finally
        {
            // 예외발생 유무에 관계없이 수행 처리
            System.out.println("Exception checking completion!!!");
        }
    }
  }
}
```

💻 쏙(SOC)

```
class ExceptionProg2  {

◆public static void main(String args[])

  ■배열의 첨자 '7'이 지정범위 밖에 있는 경우의 예외 대응 처리를 한다.

        □try
              · int num[] = new int[5];
              · num[7]=10;
          △
            ◇catch(IndexOutOfBoundsException except)

          T ※배열의 첨자가 지정범위 밖에 있을 때의 대응처리
            · System.out.println("Subscript is out of range!!!");
        □finally
              ※예외발생 유무에 관계없이 수행 처리
              · System.out.println("Exception checking completion!!!");



  }
```

💻 새빛(SEVIT)

시스템 다이어그램

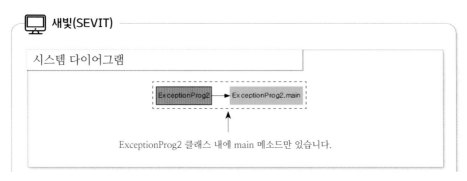

ExceptionProg2 클래스 내에 main 메소드만 있습니다.

09

238

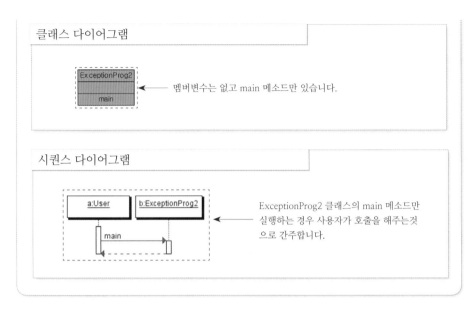

클래스 다이어그램

멤버변수는 없고 main 메소드만 있습니다.

시퀀스 다이어그램

ExceptionProg2 클래스의 main 메소드만 실행하는 경우 사용자가 호출을 해주는것으로 간주합니다.

▶ 실행화면

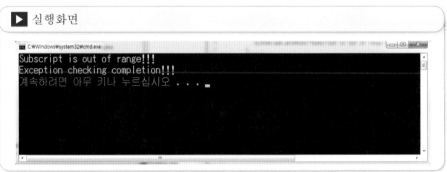

예제 9.2.2에서 ExceptionProg2클래스의 메인 메소드인 main() 메소드의 내부에는 예외발생 가능성이 있는 코드 블록을 포함하고 있습니다.

ExceptionProg2클래스 파일을 적재 후 통역 실행할 때, 배열의 첨자 '7'이 지정범위 밖에 있어서 예외가 발생한다면 예외감시를 행하고 있던 try절의 예외 코드 블록(code block) 내부이므로 예외를 인식합니다.

예외를 인식(認識, recognition)하면 예외조건(例外條件, exception condition)에 따라 예외처리를 자동적으로 수행합니다.

그러면 배열(配列, array)의 첨자(subscript)가 지정 범위밖에 있을 경우의 대응처리를 위해 마련해 두었던 catch절의 인수로 기술한 예외클래스 IndexOutOfBoundsExeception와 형(type)이 일치합니다.

따라서 catch절은 예외 객체를 받아들이며, catch절 내부에서 대응조치로 "Subscript is out of range!!!"라는 메시지(message)를 출력합니다.

finally절에서는 예외발생여부에 상관없이 처리하므로, "Exception checking completion!!!" 이라는 메시지를 출력합니다.

09

9.3 멀티스레드(multithread)

 통상적으로 프로그램을 수행시키기 위해서는 파일(file)로부터 주기억장치에 적재(load)하여
이것을 수행시킵니다.
 이 때 파일(file)로부터 적재한 실행 가능한 기계어 프로그램을 프로세스(process)라고 합니다.

> 프로세스(process)
>
> 주기억장치에 적재(load)된 실행 가능한 기계어 프로그램

 그리고 이와 같은 프로세스(process) 몇 개를 한꺼번에 주기억장치에 적재하여 다중 작업하는
개념을 다중프로그래밍이라고 합니다.

> 다중프로그래밍(multiprogramming)
>
> 2개 이상의 프로세스(process)를 한번에 적재하여 다중으로 처리하는 것

(그림9.3.1) 다중 프로그래밍(multiprogramming)

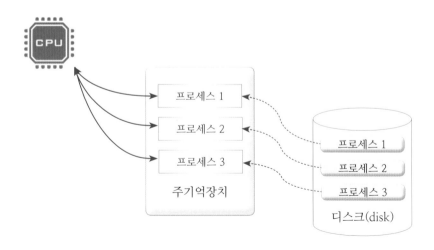

다중프로그래밍(multiprogramming)은 여러 개의 프로세스(process)가 각각의 기억영역을 확보하는 관계상, 프로세스(process)간의 스위칭(switching)이 원활하지 못합니다.

이 문제점의 해결책이 스레드(thread) 방식입니다.

스레드(thread)

프로세스(process)를 작은 처리단위의 가닥으로 분할하여 CPU 사용의 기본단위로 한 것

스레드(thread) 방식은 하나의 프로세스(process)를 몇 개의 스레드(thread)로 분할하여 각 스레드간의 스위칭을 통해 다중작업을 행하는 방식입니다.

기억영역을 새로 확보할 필요 없이 사전에 확보된 기억영역을 상대로 스위칭을 행하므로, 보다 효과적인 멀티스레드에 의한 다중작업을 행할 수 있습니다.

멀티스레드(multithread)

다중처리를 위해 하나의 프로세스가 둘 이상의 스레드(thread)로 분할된 것

(그림9.3.2) 멀티스레드 프로그래밍(multithread programming)

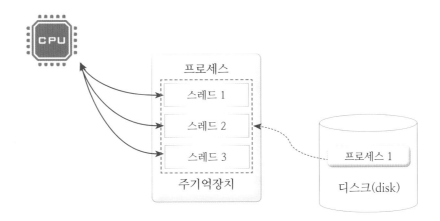

메인 스레드는 메인 메소드에서 생성하는 스레드입니다.

가비지 콜렉션 스레드(garbage collection thread)는 객체가 필요 없을 경우에 객체를 소멸시켜서 기억영역을 해방하는 등의 쓰레기 수집을 위해 Java프로그램 실행 시 상시 가동하는 스레드입니다.

Java에서는 기본적으로 2개의 스레드(thread) 처리를 행하고 있습니다.

하나는 메인 메소드(main method)로부터 처리를 개시하는 메인 스레드(main thread)이며, 또 하나는 청소를 위한 가비지 콜렉션 스레드(garbage collection thread)입니다.

> **메인 스레드(main thread)**
>
> 기본적으로 필수불가결한 스레드(thread)

> **가비지 콜렉션 스레드(garbage collection thread)**
>
> 쓰레기 수집을 행하는 스레드(thread)

09

멀티스레드 프로그래밍(multithread programming)을 행하기 위해서는 컨텍스트 스위칭(context switching)을 통해 각각의 스레드(thread)가 CPU를 독점하지 않도록 적절하게 시간몫(time quantum)을 할당해야만 합니다.

컨텍스트 스위치(context switch)

CPU를 점유하는 스레드(thread)의 교체

시간몫(time quantum)

스레드(thread)가 CPU를 점유하는 시간

멀티스레드 프로그래밍(multithread programming)

컨텍스트 스위칭(context switching)을 통해 스레드의 다중작업을 행하는 프로그래밍

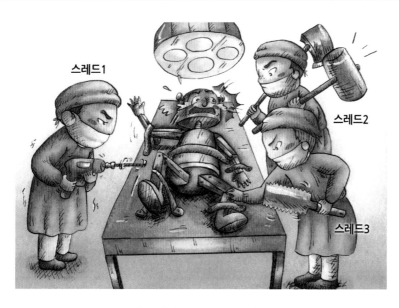

– 어떤 멀티스레드 프로그래밍 –
"자아… 이제부터 수술을 시작합시다! "

CPU가 하나인 상태에서 멀티스레드(multithread) 작업을 행하기 위해서는 각각의 스레드가 CPU를 시간적으로 분할 점유하도록 배분해야 합니다.

그러기 위해서 각각의 스레드에 대해 선점권을 부여하되, 하나의 스레드에 의한 장시간의 CPU독점을 막는 것이 필요합니다.

따라서, 일정한 시간몫이 종료하면 실행도중이라도 일단 CPU로부터 꺼내어 다시 스레드 대기열의 맨 끝으로 보내는 라운드 로빈(round robin) 방식을 사용하는 편이 보다 합리적입니다.

선점권(先占權, preemption)

각각의 스레드(thread)에 대해서 할당되는 CPU점유의 우선권 순위

라운드 로빈(round robin)

CPU를 점유하고 있는 스레드에 할당된 시간몫(time quantum)이 경과하면 무조건 CPU로부터 스레드(thread)를 꺼내 스레드 대기열의 맨 끝으로 보내는 방식

" 글쎄, 작업도중에 나를 빼내지 뭐야! "
"으음… round robin방식을 사용하나 보군…"

09

🖥 **프로그램**

```java
class ThreadProg  {

  public static void main(String args[])  {
    Thread1 t1 = new Thread1();    // Thread1클래스로 t1객체 생성
    Thread2 t2 = new Thread2();    // Thread2클래스로 t2객체 생성
                                   ①
    //.정수의 증가 출력 처리한다.
    {
      t1.start();    // Thread1클래스의 객체 t1내부에서 run()메소드 호출
      t2.start();    // Thread2클래스의 객체 t2내부에서 run()메소드 호출
    }        ↑
  }        ②
}


class Thread1 extends Thread  {

  public void run()  {

    //.Thread1의 정수를 1씩 증가시켜 5회 출력한다.
    {
                                                      ← ③
      //.제어변수 i 값을 5회 출력한다.
      for (int i=0; i<5; i++) {
        System.out.println("Thread1 = " + i);
      }
    }
  }
}


class Thread2 extends Thread  {

  public void run()  {

    //.Thread2의 정수를 1씩 증가시켜 5회 출력한다.    ← ④
    {
```

```
        //.제어변수 i 값을 5회 출력한다.
        for (int i=0; i<5; i++) {
          System.out.println("Thread2 = " + i);
        }
      }
    }
  }
```

쏙(SOC)

```
class ThreadProg  {

◆public static void main(String args[])

    ┌ · Thread1 t1 = new Thread1();      ※Thread1클래스로 t1객체 생성
    │ · Thread2 t2 = new Thread2();      ※Thread2클래스로 t2객체 생성
    □정수의 증가 출력 처리한다.

        ■t1.start();  ※Thread1클래스의 객체 t1내부에서 run()메소드 호출
        ■t2.start();  ※Thread2클래스의 객체 t2내부에서 run()메소드 호출


}

class Thread1 extends Thread  {

◆public void run()

    □Thread1의 정수를 1씩 증가시켜 5회 출력한다.

        ○제어변수 i 값을 5회 출력한다.
          ◇(int i=0; i<5; i++)

            · System.out.println("Thread1 = " + i);


}

class Thread2 extends Thread  {

◆public void run()

    □Thread2의 정수를 1씩 증가시켜 5회 출력한다.

        ○제어변수 i 값을 5회 출력한다.
          ◇(int i=0; i<5; i++)

            · System.out.println("Thread2 = " + i);


}
```

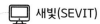 새빛(SEVIT)

시스템 다이어그램

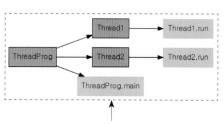

이 SW시스템은 ThreadProg, Thread1, Thread2 등의 3개의 클래스로 구성
되며, ThreadProg 클래스는 Thread1과 Thread2 클래스를 결정해줍니다.
Thread1과 Thread2 클래스는 각각 run 메소드를 가지고 있습니다.

클래스 다이어그램

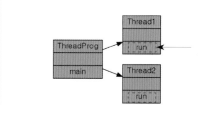

Thread1 클래스와 Thread2 클래스는
각각 run 메소드를 가지고 있습니다.

시퀀스 다이어그램

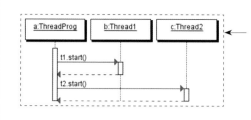

ThreadProg 클래스의 main 메소드
에서 Thread1과 Thread2 클래스
형틀을 이용하여 생성한 t1, t2 객
체를 이용하여, start메소드를 호출
하여 멀티 스레딩을 합니다.

09

```
C:\Windows\system32\cmd.exe
Thread2 = 0
Thread1 = 1
Thread2 = 1
Thread1 = 2
Thread2 = 2
Thread1 = 3
Thread1 = 4
Thread2 = 3
Thread2 = 4
계속하려면 아무 키나 누르십시오 . . .
```

예제 9.3.1에서 ThreadProg클래스가 통역되어 실행되면, 우선 main() 함수로부터 처리가 시작되고 메인 스레드(main thread)와 가비지 콜렉션 스레드(garbage collection thread)의 2개의 기본 스레드(thread)가 생성 실행됩니다.

실행 시 main() 함수의 ①에서 Thread클래스의 서브클래스(subclass)인 Thread1클래스와 Thread2클래스의 객체를 생성하여 t1, t2에 각각 대입합니다.

이것으로 멀티스레드 처리 준비가 완료됩니다.

②의 t1.start() 메시지는 Thread1클래스의 객체인 t1내부에서 ③의 run() 메소드를 호출하여 새로운 Thread1스레드를 실행시키며, t2.start() 메시지(message)는 Thread2클래스의 객체인 t2내부에서 ④의 run() 메소드를 호출하여 새로운 Thread2스레드를 실행시킵니다.

이처럼 멀티스레드(multithread)에 의한 작업을 행합니다.

이 때 run() 메소드(method)는 정의한 새로운 스레드(thread)를 실행 시키는 일을 합니다.

만일 Thread1클래스와 Thread2클래스에 run() 메소드를 각각 정의하고 있지 않다면, 자동적으로 Thread1과 Thread2의 수퍼클래스인 Thread에 정의하고 있는 run() 메소드를 실행합니다.

(그림9.3.3) 이제부터는 멀티스레드(multithread) 시대

09

Java 프로그래밍을 할 때, 사용자가 특별히 import해주지 않아도 자동적으로 import하여 제공하는 기본 패키지 중에 java.lang 패키지가 있습니다. 이 java.lang 패키지에서 가장 상위클래스(수퍼클래스)는 java.lang.Object 클래스입니다.

Thread 클래스는 Object 클래스의 하위클래스입니다. 사용자는 이 Thread 클래스를 상속받아서 프로그램을 짤 수 있으며, 예제 9.3.1과 같이 't1.start()'처럼 Thread 클래스가 가진 이미 만들어져서 제공되는 start() 메소드를 호출해서 사용할 수 있습니다.

참고로, Java의 기본 패키지는 java.lang 이외에도 java.util, java.io, java.awt, java.applet 등 다양하게 있습니다.
(http://docs.oracle.com/javase/8/docs/api/ 참고)

스레드는 CPU의 점유과정에서 상태변화를 일으킵니다.
스레드(thread)의 상태변화는 Thread클래스의 메소드(method)가 처리합니다.
Java에서의 스레드(thread)의 상태는 크게 다음의 4가지로 나뉩니다.

1. 초기상태(new)

New연산자가 스레드를 생성하여 실행을 대기하는 상태입니다.

2. 실행상태(runnable)

Thread클래스의 start() 함수가 컨텍스트 스위칭을 행하여 스레드가 CPU를 점유하여 실행이 이루어지는 상태입니다. 실행상태의 스레드는 라운드 로빈(round robin) 방식으로 할당 시간묶 동안만 CPU를 점유합니다.

3. 대기상태(blocked)

실행상태이던 스레드(thread)가 다른 스레드로부터 sleep() , suspend() , wait() 등의 메소드 호출을 통해 실행대기가 이루어지는 상태입니다.

4. 종료상태(dead)

스레드(thread)가 run() 메소드로부터 나오거나 stop() 메소드 호출이 이루어져 실행을 종료하는 상태입니다.

09

(그림9.3.4) 멀티 스레딩 동작 과정

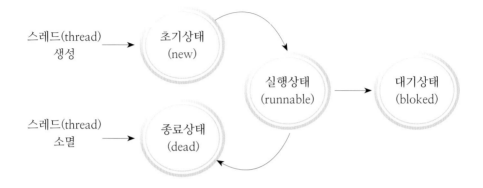

연습문제

9-01 | 메소드 오버로드 개념을 적용한 Java 프로그램을 설계와 코딩 융합 방식으로 시각화 하여 작성한 후 순공학 기능으로 변환하여 실행시키고 그 결과를 설명해 보세요.

9-02 | 메소드 오버라이드 개념을 적용한 Java 프로그램을 설계와 코딩 융합 방식으로 시각화 하여 작성한 후 순공학 기능으로 변환하여 실행시키고 그 결과를 설명해 보세요.

9-03 | 변수 오버라이드 개념을 적용한 Java 프로그램을 설계와 코딩 융합 방식으로 시각화 하여 작성한 후 순공학 기능으로 변환하여 실행시키고 그 결과를 설명해 보세요.

9-04 | 예외처리 개념을 try~catch~finally 구문을 모두 사용하여 설계와 코딩 융합 방식의 시각화 Java 프로그램으로 작성한 후 순공학 기능으로 변환하여 실행시키고 그 결과를 설명해 보세요.

9-05 | 멀티스레드 개념을 설계와 코딩 융합 방식의 시각화 Java 프로그램으로 작성한 후 순공학 기능으로 변환하여 실행시키고 그 결과를 설명해 보세요.

09

객체지향의 미래

Carma McClure박사는 그녀의 저서 「THE THREE Rs OF SOFTWARE AUTOMATION」에서 다음과 같이 말했습니다.

1960년대의 제 3세대 프로그래밍 언어, 1970년대의 소프트웨어공학(SE: Software Engineering)과 구조화 기법(構造化技法, Structured Techniques), 1980년대의 제 4세대 언어(4GL : 4th Generation Language), 최종사용자 컴퓨팅(EUC: End User Computing), CASE(Computer Aided Software Engineering) 등은 계속되는 소프트웨어 위기(software crisis)를 해결하기 위하여 등장한 강력한 개발기술이며, 위대한 해결방법이었지만 문제의 본질을 꿰뚫은 것은 아니었다고 말입니다.

그녀는 더 나아가서 소프트웨어의 개발은 빙산의 일각(氷山一角)에 지나지 않는다고 단언하고 있습니다.

그 이유는 무엇일까요? 그것은 소프트웨어 위기의 본질은 바로 개발의 문제라기보다는 유지보수의 문제이며, 유지보수성(maintainability)의 해결이 소프트웨어 위기의 해결을 위한 열쇠라고 볼 수 있기 때문입니다.

유지보수성을 높이기 위한 기술 중에 1990년대에 등장한 것 중의 하나가 바로 「컴포넌트웨어 (componentware)」입니다.

> ### 컴포넌트웨어(componentware)
>
> 부품조립(component assembly)에 의해 시스템을 개발·유지보수 하는 기술 체계

컴포넌트웨어(componentware)는 객체지향 기술을 근거로 하여 응용환경(應用環境, application environment)을 지원하기 위해 출현한 기술입니다.

컴포넌트웨어의 한 예로 마이크로소프트 사의 OLE(Object Linking and Embedding)를 들 수 있는데, 이것은 서로 다른 플랫폼(platform) 사이에서 소프트웨어 부품을 공유하기 위한 기 반 기술이었습니다. 또한 CILabs 등이 책정한 OpenDoc도 하나의 컴포넌트웨어 인터페이스 (componentware interface)였습니다. OpenDoc도 프로그램간의 제휴기능으로 탄생하였으며 OLE와 같이 소프트웨어 부품(software component)의 공유(共有)를 가능하게 했습니다.

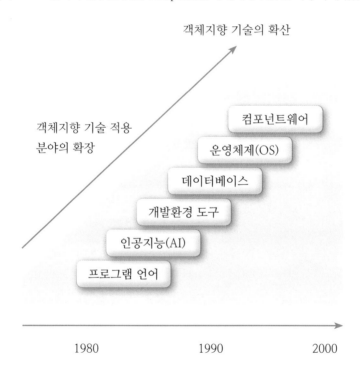

이러한 기술들은 점차 발전하여 컴포넌트 개념을 융합하는 융복합 개념(Convergence Concept)으로 진화해 왔습니다. 현재와 같은 IoT(Internet of Things)와 클라우드 컴퓨팅 (Cloud Computing) 등이 대세인 환경에서 부품화는 더욱 중요한 위치를 차지하고 있습니다.

클래스(class) 중심의 객체지향 언어인 Java는 컴포넌트웨어를 비롯한 부품화를 2000년대를 거쳐서 지속적으로 도모함으로써 유지보수성과 재사용성에 발전을 이룩하였습니다.

하지만, 제1차로부터 제5차에 이르기까지의 소프트웨어 위기(software crisis)를 통해서도 알 수 있는 바와 같이 소프트웨어의 비가시성(invisibility)의 문제를 근본적으로 해결하지 못했습니다.

그로 인해, 분석 및 설계와 구현(코딩) 프로세스 간의 효율적인 매칭이 이루어지지 못하여 개발생산성과 유지보수성을 획기적으로 증진시키는 데에는 한계를 드러내었습니다.

구현된 소스 코드는 언어정보 중심인 저속도의 왼쪽 뇌(左腦)에 적합하며, 분석과 설계 모델은 시각적 패턴 정보(pattern information) 중심의 고속도의 오른쪽 뇌(右腦)에 적합합니다.

정보인식 및 처리속도가 느리다는 이야기는 개발생산성 및 유지보수성의 증진에 한계가 생긴다는 것을 뜻합니다.

그렇기 때문에, 이제부터는 논리적인 왼쪽 뇌와 더불어 패턴인식적인 오른쪽 뇌를 적극적으로 활용하는 것이 개발생산성과 유지보수성을 높이기 위한 지름길이 됩니다.

시각적인 패턴 정보(pattern information)에 적합한 고속의 오른쪽 뇌를 활용하기 위해서는 코드부품보다는 시각적인 설계부품을 활용하는 것이 좋습니다.

〈 시각화 Java 프로그래밍의 위력 〉

앞으로를 위하여

이제까지, Java에 관한 객체지향 개념에 내해서 여러 가지 다뤄왔습니다.

이 정도만 알고 있더라도 객체지향 개념에 대해서 자신감을 가지는 것이 가능합니다.

독자님은 앞으로 이 책과 자매편인 「새틀(SETL)을 이용한 C++/C# 시각화 객체지향 개념」의 두 권의 책을 객체지향 기본서로서 항상 옆에 두고 객체지향적인 적용이 필요할 때에 한 번씩 다시 읽어서 개념을 다져나가신다면 효과를 보실 수 있을 것입니다.

또한, 앞으로 Java언어와 시각적 설계부품인 쏙(SOC: Structured Object Component)을 결합하는 방법론과 이를 지원하는 도구인 새틀(SETL: Structured Efficiency TooL)을 잘 알아두는 것은 컴퓨팅적 사고(Computational Thinking)의 증진 측면에서도 아주 중요합니다.

분석 및 설계 모델과 구현 소스 코드를 통합적인 관점에서 시각화하여 그동안 비가시적(invisible)이었던 소프트웨어에 빛을 비춰서 가시적(visible)인 속성을 가지게 함으로써 개발 및 유지보수 하는 새빛(SEVIT: Software Engineering Visualized Integration Tool)이라는 도구의 적용도 아주 중요합니다(*참고: SEVIT은 ㈜소프트웨어품질기술원에서 Java용으로 개발한 소프트웨어 공학 시각화 통합 도구입니다. 새빛은 별도의 서적에서 상세히 다룰 예정입니다.).

설계단계의 보다 효율적인 개념 적용은 물론 객체지향 시스템 개발 및 유지보수(維持補修)를 인간답게 행할 수 있는 새틀(SETL, Structured Efficiency TooL, 構造化能率道具) 및 쏙(SOC, Structured Object Component, 構造化客體部品)에 대해서 좀 더 자세히 알고자 하시는 분은 다음의 서적을 참고하시면 되실 것입니다.

〈새틀(SETL)을 이용한 시각화 SW 설계 자동화 방법론〉

유홍준 지음 / ㈜소프트웨어품질기술원

또한, 이 책과 더불어 제공하는 새틀(SETL) 설계 자동화 프로그램은 설계도를 자동으로 작성 및 유지보수하고 설계도 자체를 보고서(報告書, report) 형태로 문서화(documentation)하여 출력할 수 있도록 하는 기능을 내장하고 있습니다.

이 책은 Java 언어를 사용하는 프로그램의 전체 설계에 적용할 때 원리적인 측면에서 많은 도움을 드릴 것입니다.

아울러, 소프트웨어 공학 시각화 통합 도구인 새빛(SEVIT: Software Engineering Visualized Integration Tool)을 가지고 시각화한 분석 및 설계 모델링과 병행하여 Java 프로그래밍의 기본을 익히기 위해 아래의 책을 참고해주시기 바랍니다.

 〈새빛·새틀을 이용한 JAVA 시각화 SW 코딩 첫걸음 〉

유홍준, 남미영, 김성현 공저 / ㈜소프트웨어품질기술원

이제 이 책에서도 마치는 인사를 드릴 때에 이른 것 같습니다. 끝까지 읽어주신 독자님께 진심으로 깊은 감사를 드립니다.

독자님! 다시 다른 책에서 만나 뵐 때까지 항상 건강하시길 두 손 모아 기도 드리겠습니다.

감사합니다.

〈 컴퓨道의 길 〉

부 록

1. Java JDK 설치 방법

Java 프로그래밍을 하기에 앞서, Java 프로그램을 실행하고 개발환경을 구축해 주는 JDK(Java SE Development Kit)를 설치해 주어야 합니다.

[1단계] 오라클 홈페이지(http://www.oracle.com)에서 JDK를 다운로드를 클릭합니다.

오라클 홈페이지(http://www.oracle.com)에 들어가서, 'Downloads' 카테고리의 'Java SE'를 선택하여 'Java SE 8u40'의 JDK 다운로드를 클릭합니다.

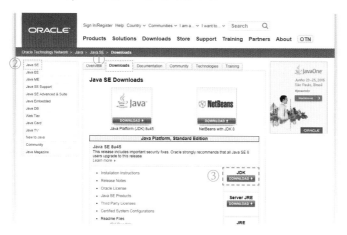

[2단계] 설치 컴퓨터의 운영체제에 맞는 JDK파일을 다운로드 합니다.

Java SE Development Kit 8 Downloads 화면에서 'Accept License Agreement'를 체크하고, 설치하고자 하는 컴퓨터의 운영체제에 맞는 파일을 다운로드 합니다.

[3단계] 다운로드 한 Java SE Development Kit 8을 설치합니다.

'Java SE Development Kit 8'을 설치화면을 따라 설치합니다.

[4단계] 설치 완료 후 C 드라이브에서 Program Files에 Java폴더가 생긴것을 확인합니다.

Java 폴더에는 'jdk.8.0_45'와 'jre1.8.0_45' 폴더가 설치된 것을 확인할 수 있습니다.

2. Notepad++ 설치 및 실행 방법

Java 프로그래밍을 위한 소스편집기에는 여러가지가 있습니다. 그 중 무료로 사용할 수 있는 Notepad++를 설치하여, 실행시키는 방법을 설명하겠습니다.

[1단계] Notepad++(노트패드++) 설치파일을 다운받아, 설치를 시작합니다.

Notepad++는 포털사이트에서 검색하면, 무료로 다운로드 할 수 있습니다. 다운로드한 Installer파일을 더블클릭 하고, 언어를 선택하여 설치를 시작합니다.

[2단계] Notepad++의 설치화면을 따라 설치를 완료합니다.

'사용권 계약 동의' - '설치 위치 선택' - '구성 요소 선택'을 차례로 수행하여 설치를 완료합니다.

[3단계] Notepad++ 폴더에 exec.bat 파일을 저장합니다.

Java 프로그램의 컴파일 및 실행을 위해서는 몇가지 사전에 설정이 필요합니다.
먼저 메모장에서 아래의 그림을 참고하여 'exec.bat'파일을 작성합니다. 그리고 C드라이브의
Program Files(x86)폴더의 Notepad++폴더에 저장합니다.

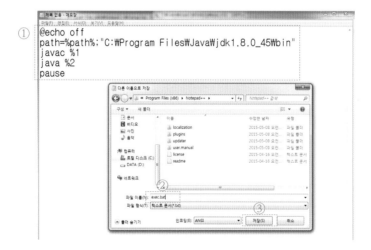

[4단계] 실행할 프로그램 설정을 한 후, 실행합니다.

　'실행' 메뉴에서 '실행'을 클릭하면 '실행할 프로그램' 설정창이 뜹니다. 실행할 프로그램에 '$(NPP_DIRECTORY)₩exec.bat $(FILE_NAME) $(NAME_PART)'을 작성 후 실행합니다.

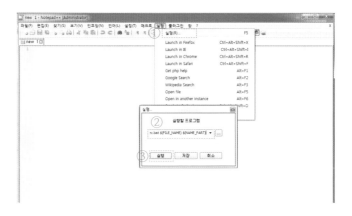

3. 새틀(SETL) 설치 방법

구조화 객체 부품인 '쏙(SOC)'을 기반으로 하는 소프트웨어 설계 자동화 지원도구인 '새틀 (SETL)'을 설치하여 활용하면, 설계도를 시각적으로 나타내어 프로그램의 구조를 파악하는 데 매우 용이합니다.

새틀(SETL)은 한글판과 영문판으로 제작되었습니다. 한글판과 영문판의 사용방법은 모두 같고, 언어만 다르게 사용하고 있습니다.

새틀(SETL)에서 기본적으로 제공하는 파일은 다음과 같습니다.
① setljava_k.exe
② MFC42D.DLL
③ MFCO42D.DLL

[1단계] 압축파일로 제공된 "SETL_JAVA.zip" 파일을 내컴퓨터 C드라이브에 압축풀기를 합니다.(반드시 C드라이브의 Root에서 압축을 풀어야 합니다.)

[2단계] 생성된 "SETL_JAVA" 폴더에 "work"폴더를 생성합니다.

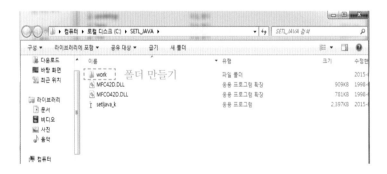

4. 참고문헌

1. Java Platform, Standard Edition 8 API Specification, Oracle, http://docs.oracle.com/javase/8/docs/api/

2. 最新Javaコーディング作法　プロが知るべき、107の規約と21の心得　森崎 雅稔, 日経BP社, 2011

3. 現場で使えるJavaライブラリ, 竹添 直樹 , SHOEISHA, 2011

4. Java入門, http://www.javadrive.jp/start/, 2014

5. 一番かんたんなJava入門, Javaを始めようという人の為の超入門サイト , http://nobuo-create.net/category/java-beginner/, 2014

6. THE THREE Rs OF SOFTWARE AUTOMATION, CARMA McCLURE, Prentice Hall, 1992

7. オブジェクト指向システム開發, 本位田 眞一 外 共著, 日經BP社, 1993

8. Java入門ー@IT, プログラミング初心者がJava言語の基本、サーブレット / JSP、Playフレームワークを使ったWebシステム開発, http://www.atmarkit.co.jp/channel/javaentry/javaentry.html, 2014

9. マンガで分かる Java入門講座, クロノス・クラウン 柳井政和 のマンガサイト, http://manga.crocro.com/?cat=java&pg=index, 2014

10. OBJECT LESSONS, Tom Love, SIGS Books, 1995

11. オブジェクト指向入門, Bertrand Meyer 著, 株式會社アスキー, 1990

12. いまさら聞けないJavaによるオブジェクト指向の常識, http://www.atmarkit.co.jp/ait/articles/0805/08/news152.html, 2014

13. "たい焼き"であま～く理解するJava文法と言語仕様 , http://www.atmarkit.co.jp/ait/articles/0803/12/news148.html, 2014

14. 概念と定義に関する用語集の説明, https://www.java.com/ja/download/faq/helpful_concepts.xml, 2014

15. [Java] オブジェクトって何？, http://nobuo-create.net/java-beginner-17/, 2014

16. Object-Oriented Systems Analysis, David W. Embley 外 共著, Prentice-Hall, 1992

17. Booch法: オブジェクト指向分析と設計, Grady Booch-著, 株式會社星雲社, 1995

18. OBJECT ANALYSIS AND DESIGN, Andrew T.F. Hutt, John Wiley & Sons, Inc., 1995

19. Java INDEX, http://www.techscore.com/tech/Java/index/, 2014

20. Java概念図の説明, Javaドキュメントの内容, https://docs.oracle.com/javase/jp/8/technotes/guides/desc_jdk_structure.html, 2014

21. Java(基礎編), http://kzholdout.web.fc2.com/, 2014

22. 楽しいJava入門, http://www.lcv.ne.jp/~kenmio/, 2014

23. Javaプログラミング徹底入門−−基礎編−− プログラム問題集, http://www.inf. ie.kanagawa-u.ac.jp/uchida/e-L-Java/program1/3-1problem.html, 2014

24. Java の文法の基礎, https://github.com/mixi-inc/AndroidTraining/wiki/A.02.-Java-%E3%81%AE%E6%96%87%E6%B3%95%E3%81%AE%E5%9F%BA%E7%A4%8E, 2014

5. 저자소개

유 홍 준

- ㈜소프트웨어품질기술원 원장
- ㈔한국정보통신기술사협회 부회장
- 국가기술자격정책심의위원회 세부직무 분야
  전문위원회 위원(정보처리)
- 한국산업인력공단 직종별전문위원회 전문위원
  (정보처리)
- 한국정보통신기술협회(TTA) 정보통신표준화 위원회 위원
- 법원행정처 IT분야 전문 심리위원

- 학력저서: 성균관대학교 일반대학원 정보통신공학부 박사과정 수료, JAVA プログラミ
  ング入門(日本 技術評論社), MINDMAP을 이용한 JAVA 코딩 가이드라인, 소프트웨
  어 품질 매트릭 용어집, 소프트웨어 설계 자동화 방법론 등 다수
- 주요경력: 한국산업인력공단 근로자 직업능력개발훈련 적합훈련과정 심사 위원, 한국국
  제협력단(KOICA) 해외 정보화사업 평가 위원, 서울특별시 정보화사업 총괄 평가 위원,
  건국대학교 정보통신대학원 정보통신학과(정보시스템 감리 전공) 겸임교수, 한국산업
  인력공단 IT분야 국가기술자격체계 설계, 한국산업인력공단 IT자격 국가간 상호인증 연
  구, 법원 IT관련 감정 평가, ICT분야 NCS개발 및 평가 위원 등 다수
- 감리경력: 약 15년간 기획재정부, 외교부, 통일부, 행정자치부, 법무부, 고용노동부, 산
  림청, 국토교통부, 여성가족부, 미래창조과학부, 중소기업청, 보건복지부, 대법원, 문화
  재청, 문화체육관광부, 국회사무처, 서울대학교, 한국해양대학교, 통계청, 방위사업청,
  한국정보화진흥원, 한국은행, 해인사, 국회입법조사처, 서울시, 경기도청 등 정부부처
  및 각종 공공기관에서 400건 이상의 정보시스템 감리 수행 및 350건 이상의 총괄감리원
  업무 수행
- 보유자격: 정보관리기술사, 국제기술사(IE: APEC, EMF-IRPE), 수석감리원, 정보시스
  템감리사, 소프트웨어보안약점진단원, GIS감리원, 기술지도사(정보처리), 기술거래사,
  정보통신특급감리원, 정보보호관리체계심사원보, 무선설비기사, 정보화경영체제(IMS)
  심사원, 전파통신기사, GIS컨설턴트

6. NCS 기반 평가지침 사례

평가방법

- 평가자는 능력단위 충전장치 정비의 수행준거에 제시되어 있는 내용을 평가하기 위해 이론과 실기를 나누어 평가하거나 종합적인 결과물의 평가 등 다양한 평가 방법을 사용할 수 있다.
- 피 평가자의 과정평가 및 결과평가방법

평가방법	평가유형	
	과정평가	결과평가
A. 포트폴리오		∨
B. 문제해결 시나리오		∨
C. 서술형시험		∨
D. 논술형시험		
E. 사례연구		∨
F. 평가자 질문	∨	
G. 평가자 체크리스트		
H. 피 평가자 체크리스트	∨	
I. 일지/저널		
J. 역할연기		
K. 구두발표		
L. 작업장 평가	∨	
M. 기타		

7. NCS 기반 강의계획서 사례

강의계획서		

직무	능력단위/책무(Duty)	능력단위코드
시각화 Java 객체지향 프로그래밍 (Visualized Java Object-Oriented Programming)	Java 언어 기초 개념 이해하기	
	시각화 Java 클래스 프로그래밍 습득하기	
	시각화 Java 상속 프로그래밍 습득하기	
	시각화 Java 심화 프로그래밍 습득하기	

교과목명	Java 프로그래밍	이수구분	전공선택	담당교수	홍길동
학년-학기	0학년-0학기	학 점	3	시수 (이론/실습)	3(1/2)

교과목표 (학습목표)	Java언어를 기반으로 하는 객체지향 프로그래밍을 소프트웨어 재공학 (Software Reengineering) 기술을 이용하여 설계·코딩을 융합하는 시각화 방법으로 습득함으로써, 실제 Java 프로젝트 실무에서 안정적인 객체지향 프로그래밍이 가능한 기본 능력을 기르도록 하는데 있다.

교수학습 방법	이론 강의	실습	발표	토론	팀프로 젝트	캡스톤 디자인	프트 폴리오	기타
	○	○	○		○			

교육장소 (시 설)	일반 강의실	전용 실습실	컴퓨터 실습실	…	외부교육시 설	기타
	○	○				

교재 (NCS 학습모듈)	주교재	새틀SETL)을 이용한 JAVA 시각화 객체지향 입문
	부교재	시각화 설계 자동화 도구 새틀(SETL) 시작하기
	참고 교재	시각화 SW 설계 자동화 방법론

평가방법	A	B	C	D	E	F	G	H	I	J	K	L	M
	○	○	○		○	○		○				○	

평가방법

A. 포트폴리오 B. 문제해결시나리오 C. 서술형시험 D. 논술형시험 E. 사례연구 F. 평가자 질문 G. 평가자 체크리스트 H. 피평가자 체크리스트 I. 일지/저널 J. 역할연기 K. 구두발표 L. 작업장평가 M. 기타
※세부내용은 평가계획서에 기술됨

관련 능력 단위요소/ 작업(Task)	수행준거	지식·기술·태도
Java 언어 기초 개념 이해하기	1.1 SW 위기의 실체와 Java언어의 개요를 이해할 수 있다. 1.2 Java 도구와 새틀의 설치 방법과 사용방법을 이해할 수 있다. 1.3 객체의 기본 개념과 객체간의 관계를 이해할 수 있다. 1.4 클래스 이전의 개념을 시각화 프로그래밍으로 습득할 수 있다.	[지식] ○ 개발방법론 ○ 설계모델링 ○ Java 계열 언어 구성 ○ 조립·분해식 설계 방법 [기술] ○ SW 개발 도구의 설치 및 사용 기술 ○ 개발 및 유지보수 기술 ○ 시각화 SW 설계와 코딩 융합 자동화 기술 [태도] ○ SW 언어를 폭넓게 이해하려는 자세 ○ 기술 습득을 위한 적극적인 자세 ○ 신기술 습득을 위해 끈기 있게 노력하는 자세
시각화 Java 클래스 프로그래밍 습득하기	1.1 클래스의 개념을 이해할 수 있다. 1.2 캡슐화와 정보은폐의 개념을 이해할 수 있다. 1.3 설계·코딩의 융합 형태로 간단한 시각화 Java 클래스 프로그래밍을 할 수 있다. 1.4 적절한 변수 사용을 시각화 Java 프로그래밍에 적용할 수 있다.	[지식] ○ 클래스 기반의 객체지향 방법 ○ SW 공장 자동화 방법 ○ 설계와 코딩을 융합한 병렬 개발 방법 [기술] ○ 시각화 Java 프로그래밍 기술 ○ 병렬 개발 기반 순공학 및 역공학 기술 ○ 시각화 SW 공학 기술 [태도] ○ 프로그래밍 실습에의 적극적인 참여 자세 ○ 의문을 끈기 있게 풀어나가는 집중력 ○ 문제해결을 위한 긍정적인 태도
시각화 Java 상속 프로그래밍 습득하기	1.1 추상화를 적용한 시각화 Java 프로그래밍을 할 수 있다. 1.2 메시지와 상태천이를 시각화 Java 프로그래밍에 적용할 수 있다. 1.3 상속 개념을 적용한 시각화 Java 프로그래밍을 할 수 있다. 1.4 상속 시의 접근권한과 추상클래스의 개념을 시각화 Java 프로그래밍에 적용할 수 있다.	[지식] ○ 객체지향 방법론 ○ 설계와 코딩을 융합한 병렬 개발 방법 [기술] ○ 추상화와 구체화 기술 ○ 프로그래밍 논리 구조화 기술 ○ 상태 천이 추적 기술 [태도] ○ 컴퓨팅적 사고 기반의 문제 해결 자세 ○ 복잡한 문제를 추상화 하는 접근 자세 ○ 문제에 대한 근원적 해결을 추구하는 태도 ○ 프로그래밍을 즐기는 긍정적인 자세

관련 능력 단위요소/ 작업(Task)	수행준거	지식·기술·태도
시각화 Java 심화 프로그래밍 습득하기	1.1 인터페이스와 패키지 개념을 시각화 Java 프로그래밍에 적용할 수 있다. 1.2 다형성 개념을 시각화 Java 프로그래밍에 적용할 수 있다. 1.3 예외처리를 시각화 Java 프로그래밍에 적용할수 있다. 1.4 멀티스레드 개념을 시각화 Java 프로그래밍에 적용할 수 있다.	[지식] ○ 객체지향 방법론 ○ 설계와 코딩을 융합한 병렬 개발 방법 ○ 문제해결 원리 [기술] ○ 패키지 기반의 클래스 그룹화 기술 ○ 다중 상속 대체 기술 ○ 병렬 개발 및 예외처리 기술 [태도] ○ 예외 상황까지 고려한 문제 해결 자세 ○ 설계 시각에서 문제를 이해하려는자세 ○ 프로그래밍 개념 이해를 위한 적극적인 의사 소통 자세

주차별 학습내용			
주차	관련 능력단위요소 /작업(Task)	수업내용	비고
1	Java 언어 기초 개념 이해하기	- SW 위기의 실체와 해결 방법 - Java 언어의 개요	
2	Java 언어 기초 개념 이해하기	- Java 도구와 설계와 코딩 융합의 소프트웨어 재공학 도구 새틀(SETL)의 설치방법 - Java 도구와 새틀(SETL)의 기본적인 사용 방법	
3	Java 언어 기초 개념 이해하기	- 객체의 기본 개념과 객체간의 관계 - 객체제조기 형틀의 유형 - 피동형 구조체와 능동형 구조체	
4	시각화 Java 클래스 프로그래밍 습득하기	- 클래스의 기본 개념과 클래스 적용 시각화 Java 프로그래밍	
5	시각화 Java 클래스 프로그래밍 습득하기	- 캡슐화와 정보은폐의 개념 - 클래스와 객체의 개념 정리	
6	시각화 Java 클래스 프로그래밍 습득하기	- 간단한 시각화 Java 프로그래밍 - 기본적인 Java 입출력 흐름	
7	시각화 Java 클래스 프로그래밍 습득하기	- 유효범위에 따른 변수의 구분 - 적절한 변수의 사용을 통한 시각화 Java 프로그래밍 연습	

주차별 학습내용			
주차	관련 능력단위요소 /작업(Task)	수업내용	비고
8	시각화 Java 상속 프로그래밍 습득 하기	– 추상화의 기본 개념 – 절차지향과 객체지향의 추상화 – 추상화 개념을 적용한 시각화 Java 프로그래밍	

9	시각화 Java 상속 프로그래밍 습득
	하기
		– 메시지의 기본 개념
		– 메시지 개념을 적용한 시각화 Java
		  프로그래밍
		– 상태와 상태천이를 적용한 시각화
		  Java 프로그래밍
		– 생성자의 사용 방법	

10	시각화 Java 상속 프로그래밍 습득 하기	– 클래스 계층과 상속 시의 친자관계 – 상속 개념을 적용한 시각화 Java 프로그래밍	
11	시각화 Java 상속 프로그래밍 습득 하기	– 상속 시의 접근 권한 – 추상클래스 개념을 적용한 시각화 Java 프로그래밍	

12	시각화 Java 심화 프로그래밍 습득
	하기
		– 인터페이스 개념을 적용한 시각화
		  Java 프로그래밍
		– 패키지 개념을 적용한 시각화 Java
		  프로그래밍	

13	시각화 Java 심화 프로그래밍 습득 하기	– 다형성 개념을 적용한 시각화 Java 프로그래밍	
14	시각화 Java 심화 프로그래밍 습득 하기	– 예외처리 개념을 적용한 시각화 Java 프로그래밍	
15	시각화 Java 심화 프로그래밍 습득 하기	– 멀티스레드 개념을 적용한 시각화 Java 프로그래밍	

8. NCS 기반 평가계획서 사례

평가계획서			
교과목명	Java 프로그래밍	담당교수	홍길동
관련 직무명	시각화 Java 객체지향 프로그래밍	능력단위명 (능력단위코드)	시각화 Java 프로그래밍

	구분	배점	평가 개요
평가 개요	진단평가	–	• Java 프로그래밍 교과의 학습성과를 달성하는데 필요한 사전 지식을 평가한다.
	출석평가	20%	• 매주 수업의 출결을 확인한다.
	직무능력평가 1	20%	• SW 위기의 원인과 해결 방법 및 Java 언어 개요 • 객체와 구조체의 기본 개념
	직무능력평가 2	20%	• 클래스 및 캡슐화와 정보은폐의 개념 • I/O와 변수 관련 시각화 Java 프로그래밍 방법
	직무능력평가 3	20%	• 추상화와 메시지 시각화 Java 프로그래밍 방법 • 상속과 추상클래스 시각화 Java 프로그래밍 방법
	직무능력평가 4	20%	• 인터페이스와 패키지 시각화 Java 프로그래밍 방법 • 다형성과 예외처리 및 멀티스레드 프로그래밍 방법

평가 항목	평가내용 및 방법
진단 평가	· 평가내용: Java 프로그래밍 교과의 학습 성과를 달성하는데 필요한 사전지식을 평가한다. · 평가시기: 1주차 · 영역별 평가내용

평가 영역	문항	자가진단		
		우수	보통	미흡
공통 기초	1. 일상생활에서 논리적인 사고를 한다.			
	2. 프로그램을 작성할 때 설계에 중점을 둔다.			
Java 언어 기초 개념 이해하기	3. SW위기의 원인과 해결방향을 이해하고 있다.			
	4. Java 언어의 개요를 이해하고 있다.			
	5. Java 도구와 새틀의 설치 사용이 가능하다.			
	6. 객체와 구조체를 이해하고 있다.			

평가 항목	평가내용 및 방법				

평가 항목					
진단 평가		**평가 영역**	**문항**	지기진단	

평가 영역	문항	지기진단		
		우수	보통	미흡
시각화 Java 클래스 프로그래밍 습득하기	7. 클래스 개념을 이해하고 있다.			
	8. 캡슐화와 정보은폐 개념을 이해하고 있다.			
	9. 기본적인 시각화 Java 프로그래밍이 가능하다.			
	10. 적절한 변수 사용을 통한 클래스 시각화 프로그래밍이 가능하다.			
시각화 Java 상속 프로그래밍 습득하기	11. 추상화 개념을 이해하고 있다.			
	12. 메시지와 상태천이 개념을 이해하고 있다.			
	13. 클래스 계층과 상속을 적용한 시각화 Java 프로그래밍이 가능하다.			
	14. 상속 시의 접근권한과 추상클래스 개념을 이해하고 있다.			
시각화 Java 심화 프로그래밍 습득하기	15. 인터페이스와 패키지 개념을 적용한 시각화 Java 프로그래밍이 가능하다.			
	16. 다형성 개념을 적용한 시각화 Java 프로그래밍이 가능하다.			
	17. 예외처리 개념을 적용한 시각화 Java 프로그래밍이 가능하다.			
	18. 멀티스레드 개념을 적용한 시각화 Java 프로그래밍이 가능하다.			

· 평가방법: 자가진단 체크리스트
· 평가시 고려사항:
 - 진단평가 결과는 성적에 포함되는 것이 아니므로 솔직하게 응답하도록 한다.
· 평가 결과 활용 계획: 평가결과에 따라 교수학습계획을 수정·보완한다.

출석 평가	· 대학의 출석관련 규정 및 지침에 따름

평가 항목	평가내용 및 방법

직무
능력
평가 1
	·관련 능력단위요소: Java 언어 기초 개념 이해하기
	·평가내용: SW 위기의 원인을 시대별로 구분하여 이해하고 설계와 코딩을 융합한 시각화 프로그래밍 방법의 기초를 포함한 Java 언어의 기초 개념의 이해하는 능력의 정도를 평가한다.
	·평가시기: 6주차
	·세부평가내용
	
	평가내용 / 평가 표
	
	·평가방법: 과제(결과평가: 사례연구)
	·평가 시 고려사항:
	  - SW 설계 및 구현 방법을 폭넓게 검색하여 습득하는 능력을 평가한다.
	  - SW 프로그래밍을 논리적으로 수행할 때에는 집중력이 중요하므로 시각화된 방법의 논리 자동화를 통해 집중력을 효율적으로 강화할 수 있는지 평가한다.

직무능력평가 1 세부평가내용 표:

평가내용	평가	
	예	아니오
1. SW 위기의 시대별 발생 원인과 해결 방향을 이해할 수 있다.		
2. Java 언어의 개요와 도구의 설치 및 사용 방법을 이해할 수 있다.		
3. 객체와 객체간의 관계를 이해할 수 있다.		
4. 절차지향과 객체지향 구조체를 이해할 수 있다.		

평가 항목	평가내용 및 방법
직무 능력 평가 2	·관련 능력단위요소: 시각화 Java 클래스 프로그래밍 습득하기 ·평가내용: 설계와 코딩을 융합한 시각화 Java 클래스 프로그래밍의 습득 정도와 캡슐화 및 정보은폐 개념의 적용과 변수의 적절한 활용 능력의 정도를 평가한다. ·평가시기: 6주차 ·세부평가내용

직무능력평가 2 세부평가내용 표:

평가내용	평가	
	예	아니오
1. Java 클래스의 개념을 이해할 수 있다.		
2. 캡슐화와 정보은폐의 개념을 이해할 수 있다.		
3. 설계와 코딩을 융합하는 시각화 Java 프로그래밍을 할 수 있다.		
4. 적절한 변수 사용을 통한 클래스 시각화 프로그래밍을 할 수 있다.		

평가 항목	평가내용 및 방법

직무
능력
평가 2
	· 평가방법: 과제(과정평가: 평가자 질문, 작업장 평가, 결과평가: 서술형시험,
	 중간고사)
	· 평가 시 고려사항:
	 – 실제 Java 언어와 새틀(SETL)이 지원하는 쏙(SOC)을 사용하여 설계와 코딩을
	  융합한 시각화 클래스 Java 프로그래밍을 적절히 수행하는지 평가한다.
	 – 시각화 Java 프로그래밍 시 캡슐화와 정보은폐의개념은 물론 전체적으로 변수
	  의 적절한 사용 능력의 습득 여부를 평가한다.

직무 능력 평가 3	· 관련 능력단위요소: 시각화 Java 상속 프로그래밍 습득하기 · 평가내용: 추상화와 메시지와 상태천이 개념을 이해하고 클래스 계층 간의 시각화 상속 Java 프로그래밍을 적절히 수행할 수 있는 능력을 평가한다. · 평가시기: 9주차 · 세부평가내용

평가내용	평가	
	예	아니오
1. 추상화의 개념을 이해하여 적용할 수 있다.		
2. 메시지와 상태천이 개념을 이해하여 적용할 수 있다.		
3. 클래스 계층과 상속을 적용한 시각화 Java 프로그래밍 을 수행할 수 있다.		
4. 상속 시의 접근 권한과 추상클래스 개념을 이해하여 적용 할 수 있다.		

· 평가방법: 과제(과정평가: 작업장 평가, 결과평가: 사례연구)
· 평가 시 고려사항:
 – 컴퓨팅적 사고(Computational Thinking)와 추상화의 연관 관계에 대한
  이해를 바탕으로 충분한 시각화 Java 프로그램 시 추상화 활용 능력을
  배양했는지 정도를 평가한다.
 – 클래스 계층의 상속을 통해 프로그래밍 시 재사용성(Reusability)의 정도를
  확장해 나갈 수 있는지의 능력 함양 정도를 평가한다.

직무 능력 평가 4	· 관련 능력단위요소: 시각화 Java 심화 프로그래밍 습득하기 · 평가내용: 인터페이스와 패키지 개념 및 다형성 개념의 시각화 Java 프로그 래밍과 예외 상황에의 대처 및 멀티스레드 처리가 가능한 시각화 Java 심화 프 로그래밍 능력의 습득 정도를 평가한다. · 평가시기: 14주차 · 세부평가내용

평가 항목	평가내용 및 방법		
직무 능력 평가 4		평가	
	평가내용	예	아니오
	1. 인터페이스와 패키지 개념을 이해하여 적용할 수 있다.		
	2. 다형성 개념을 적용한 시각화 Java 프로그래밍을 할 수 있다.		
	3. 예외처리 개념을 적용한 시각화 Java 프로그래밍을 할 수 있다.		
	4. 멀티스레드 개념을 적용한 시각화 Java 프로그래밍을 할 수 있다.		

· 평가방법: 과제(결과평가: 포트폴리오(팀별, 개별), 서술형 시험, 기말고사)
· 평가 시 고려사항:
 - 복잡한 상속 계층이 존재하는 환경에서의 시각화 Java 프로그래밍 능력의
   확보 정도를 평가한다.
 - 실사회에서의 행동 절차에서 예외사항을 고려한 문제해결 시나리오를 논리
   적으로 작성하고 이를 적절하게 시각화 Java 프로그래밍에 적용할 수 있는
   지 평가한다.
 - 동시에 다중 처리가 가능한 멀티스레드 개념을 실제 시각화 Java 프로그래
   밍 환경에서 잘 적용하고 있는지 여부를 평가한다.

향상/ 심화 계획	· 평가점수가 70점 미만 성취수준 미달자는 향상교육을 실시한 후 재평가한다. · 평가점수가 90점 이상인 성취수준 달성자는 심화교육을 실시한다.

9. 찾아보기

[ㄱ]

메소드 오버라이드(method override)   212,216
메소드 이름(method name)   130,203
메시지(message)   128,129,135
메인 스레드(main thread)   242,248
메인 메소드(main function, main method)   127,207,211
멤버(member, element)   67,68,82
멤버변수(member variable)   66,67,68
멤버함수(member function)   72,73,74
모델(model)   119,254
무지정   196
무형(void)   38
문자열(string)   93,94,99
문자형(char, unsigned char)   37

[ㅂ]

바이트 코드(byte code)   33
반응(reaction)   91,135
배열(array)   34,38,239
변수(variable)   66,67,70
복잡도(complexity)   90,123,124
부모(superclass)   151,152,153
부분화(partialization)   55,151
분산처리방식   127
불투명한 캡슐(opaque capsule)   83
블랙박스(black box)   128

[ㅅ]

상속(inheritance)   54,151,152
상속관계(inheritance relation)   151,152
상속 시의 친자관계   155
상속 시의 포함관계   156
상수(constant)   34,37
상태(state)   138,139
상태천이(state transition)   139,140

[ㅇ]

일반화(generalization)   53,151
임포트(import)   36,37,196
입출력 흐름(input/output stream)   97,99

[ㅈ]

자동변수(auto variable)   110
자동사 관계(intransitive verb relationship)   58
자료(data)   70,75,82
자료추상화(data abstraction)   123,124,125
자손속성(descendant's attribute)   152
자식(subclass)   151,152,153
장악(catch)   37,233
재사용(reuse)   188,254
전역 변수(global variable)   110,111,112
절차(procedure)   69
절차지향(procedure-oriented)   19,20,21
절차지향 방법   19,20,21
절차지향 방법론(Procedure-Oriented Methodology)   19,20,21
절차지향 언어(Procedure-Oriented language)   65,110,127
절차지향의 추상화   123
접근(access)   35,76,86
접근권한   161,163
접근제한   196
접대(service)   82,91
정보공개(public)   84,86,134
정보은폐(information hiding)   83,84,86
정수형(int, short, long, unsigned int, unsigned long)   37,38,68
정적 변수(static sequence)   110
제어구조   120,122
제어문자(Escape sequence)   99
제어추상화   122,125
조상속성(ancestor's attribute)   152
종료상태(dead state)   249,250
종료 핸들러(termination handler)   237
주석(comment)   94
줄 바꿈   94

새틀(SETL)을 이용한
JAVA 시각화 객체지향 입문

초판 1쇄 발행   2015년 05월 20일

저   자   유 홍 준

편집 수석   정 민 희
편집 주임   박 경 화

발 행 자   (주)소프트웨어품질기술원
주   소   경기도 고양시 일산동구 호수로 358-39, 101-614
전   화   031-819-2900
팩   스   031-819-2910
등   록   2015년 2월 23일 제015-000042호

정가   18,000 원
ISBN 979-11-954829-2-4

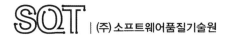
SQT | (주)소프트웨어품질기술원

SQT | (주)소프트웨어품질기술원

 MEMO